Joseph Neuhäuser

Aristoteles Lehre von dem sinnlichen Erkenntnissvermögen und seinen Organen

Joseph Neuhäuser

Aristoteles Lehre von dem sinnlichen Erkenntnissvermögen und seinen Organen

ISBN/EAN: 9783743673946

Hergestellt in Europa, USA, Kanada, Australien, Japan

Cover: Foto ©berggeist007 / pixelio.de

Weitere Bücher finden Sie auf **www.hansebooks.com**

Aristoteles' Lehre

von dem

sinnlichen Erkenntnissvermögen und seinen Organen.

Aristoteles' Lehre

von dem

sinnlichen Erkenntnissvermögen und seinen Organen.

Von

DR. J. NEUHAEUSER,

Professor der Philosophie.

LEIPZIG,

Verlag von Erich Koschny (L. Heimann's Verlag).

1878.

Vorwort.

Die nachfolgende Abhandlung war ursprünglich für die
‚philosophischen Monatshefte‘ bestimmt; sie sollte eine Recension der Schrift von Cl. Baeumker „des Aristoteles Lehre
von den äussern und innern Sinnesvermögen“ sein, in welcher
der genannte Gegenstand vollständiger und zum Theil auch
richtiger, als es bisher geschehen war, dargelegt wird. Indess
wich meine Ansicht in vielen besonders wesentlichen Punkten
nicht allein von der des genannten Verfassers, sondern auch
von den von anderer Seite geäusserten durchaus ab, vor
Allem in wesentlichen auf den Centralsinn und die Centralorgane bezüglichen Fragen, deren Beantwortung für die ganze
Psychologie des Aristoteles von entscheidender Wichtigkeit
ist. Eine überzeugende Widerlegung der nach meiner Meinung irrigen Ansichten war nicht möglich ohne eine positive
Darlegung dessen, was ich selbst für die wirkliche Lehre des
Aristoteles halte. Dazu war aber ein tieferes Eingehen in
das ganze auf den Gegenstand bezügliche Material, eine ge-
naue Entwicklung des Sinnes vieler Stellen, oft auch eine
kritische Behandlung derselben erforderlich. Die Folge davon
war, dass die Arbeit von selbst eine von einer Recension
durchaus verschiedene Gestalt annahm und einen Umfang
erhielt, der über die Grenzen des in der genannten Zeitschrift
zur Verfügung stehenden Raumes weit hinausgeht. Sie erscheint deshalb als besondere Abhandlung.

Die ursprüngliche Form ist absichtlich beibehalten worden; denn durch sie treten gerade diejenigen Punkte, welche
ich besonders im Auge hatte, am bestimmtesten hervor.

Desungeachtet ist die Schrift aus sich allein vollkommen verständlich, weil die einzelnen Theile in sich selbst vollständig abgeschlossen und untereinander zu einem Ganzen verbunden sind. Nur in Bezug auf den ersten Theil bemerke ich, dass in der genannten Schrift von Baeumker die von ihm selbst als neu bezeichnete Ansicht aufgestellt wird, bei Aristoteles sei die διάνοια ein von den höheren theoretischen Denkvermögen oder vom νοῦς unabhängiges, mit der sensitiven Seele real identisches Vermögen, das sogenannte niedere Denkvermögen; daraus erklärt sich die vorherrschend negative kritische Form dieses Theils.

Ich hoffe, dass durch die gegenwärtige Schrift mancher dunkle Punkt aufgeklärt, manche streitige Frage entschieden worden ist.

Bonn, im Mai 1878.

Inhalt.

I.

Nachdem Cl. Baeumker in seiner Schrift: „Des Aristoteles
Lehre von den äussern und innern Sinnesvermögen" zuerst
den allgemeinen Begriff der Seele bei Aristoteles entwickelt
und gezeigt hat, dass derselbe drei Arten von Seelen, die
vegetative, die sensitive und die intellective, unterscheide,
bespricht er das Verhältniss dieser verschiedenen Seelenarten,
namentlich unter der Bedingung, dass sie in einem und demselben Wesen vereinigt sind, wie dieses in Bezug auf die
vegetative und sensitive Seele beim Thiere, in Bezug auf alle
drei Seelenarten beim Menschen der Fall ist. Er bestimmt
nun das Verhältniss der sensitiven und vegetativen Seele im
Thiere und im Menschen nach Aristoteles richtig dahin, dass
dieselben nicht numerisch verschiedene Principien seien, sondern dass die sensitive Seele die vegetative einschliesse und
mit ihr eine einzige untheilbare Wesensform bilde, dass also
beide der Zahl nach eins und nur dem Begriffe nach verschieden seien (S. 5). Er behauptet aber nun ferner (S. 6 ff.),
dass von Aristoteles im Menschen noch die „niedere Denkseele" von dem „höheren theoretischen Denkvermögen" unterschieden werde, dass diese niedere Denkseele sich gerade so
zur sensitiven verhalte, wie die sensitive zur vegetativen,
d. h. dass sie die sensitive und mit ihr natürlich auch
die vegetative einschliesse, dass mithin nach Aristoteles im
Menschen „die sensitive Seele mit der niederen Denkseele
r e a l i d e n t i s c h sei."

Diese Behauptung kann ich in der Weise, wie sie ausgesprochen ist, nicht für richtig erkennen. Zunächst steht
schon der den Schluss bildende Satz: „also ist die sensitive
Seele im Menschen r e a l i d e n t i s c h mit der niederen Denkseele," nicht im Einklang mit den Prämissen, aus denen er

abgeleitet ist. Wenn sich die niedere Denkseele im Menschen zu den vorausgehenden Stufen, speciell zu der sensitiven Seele, so verhält, wie diese zu der vegetativen, so ist sie, nach dem Vorigen, mit der sensitiven Seele der Zahl nach identisch und nur dem Begriffe nach verschieden. Die behauptete reale Identität der sensitiven Seele und der niederen Denkseele scheint aber mehr bezeichnen zu sollen, als blosse numerische Identität bei begrifflicher Verschiedenheit, nämlich die Identität der Zahl und dem Wesen nach. Doch es hindert nichts, die reale Identität im Sinne der bloss numerischen Identität bei begrifflicher Verschiedenheit zu fassen, die allein aus den Prämissen folgt. Dann aber ergibt sich ein unabweisbarer Widerspruch mit der aufgestellten Dreitheilung der Seele. Aristoteles unterscheidet die Arten der Seele, wie selbstverständlich ist, nach ihrem Begriffe, d. h. nach ihren specifischen Differenzen. . Ist nun die niedere Denkseele von der sensitiven dem Begriffe nach verschieden, so ist sie eine besondere von der sensitiven Seele verschiedene Art. Ferner, wie die sensitive Seele von der vegetativen trennbar und wirklich getrennt ist in der Pflanze, so ist die niedere Denkseele von der sensitiven trennbar und wirklich getrennt im Thiere; sie bildet also auch nach diesem Gesichtspunkte eine von der sensitiven Seele verschiedene Art. So treten also drei Arten von Seelen hervor, die vegetative, die sensitive und die niedere Denkseele; und da die letztere von der höheren Denkseele oder der intellectiven Seele — denn diese soll doch mit der höheren Denkseele identisch sein — verschieden ist, so tritt an die Stelle der Dreitheilung der Seele nach denselben Principien, auf denen diese selbst beruht, eine Viertheilung. Es erscheint demnach diese Alternative: entweder verhält sich die niedere Denkseele nicht zu der sensitiven, wie diese zu der vegetativen, oder die sensitive Seele ist im Menschen nicht real identisch mit der niedern Denkseele.

Doch der Verfasser will wohl nicht im Widerspruch mit der von ihm selbst als Aristotelisch erkannten Dreitheilung der Seele eine vierte von den dreien verschiedene Seelenart annehmen. Seine Ansicht scheint vielmehr die zu sein, dass

die sensitive Seele als solche im Menschen auf einer höheren
Stufe der Vollkommenheit stehe, als im Thiere und dass sie
nur vermöge dieser höheren Vollkommenheit nicht bloss
das Princip des einfachen Wahrnehmens, sondern zugleich des niederen Denkens sei, während das höhere theoretische Denken nur der intellectiven Seele zukomme. Wir
dürfen also die Ansicht wohl so fassen, dass die sensitive
Seele im Menschen vermöge ihrer höheren Vollkommenheit
das Vermögen besitze, das blosse Wahrnehmen bis zu der niederen Form des Denkens zu steigern, und dass sie in dieser
ihrer Eigenschaft der intellectiven Seele als dem Vermögen
des theoretischen Denkens selbständig gegenüberstehe.

Um zu erkennen, ob oder in wiefern dieses die Lehre
des Aristoteles sei, müssen wir vor Allem wissen, welche besondere psychische Thätigkeiten durch den Ausdruck „das
niedere Denken" bezeichnet werden sollen. Der Verf. antwortet (S. 7, Anm. 2), dass er unter dem niedern Denkvermögen dasjenige verstehe, was von Aristoteles gewöhnlich
im Gegensatze zum theoretischen νοῦς als διάνοια bezeichnet werde; es sei das praktische Denken des gewöhnlichen Lebens. Aber nun fragen wir nothwendig weiter,
was unter dem Ausdruck διάνοια verstanden werden solle.

Bei Aristoteles findet sich nirgends eine zusammenfas-
sende Erklärung. Dagegen gibt Plato (Theaet. 189 E und
Sophist 264 A) eine bestimmte Definition, indem er sagt, das
διανοεῖσθαι oder, wie es im Sophisten heisst, die διάνοια sei
eine in der Seele selbst sich vollziehende schweigende Unter-
redung (διάλογος), ein inneres Fragen und Antworten, und die
daraus hervorgehende innere Entscheidung sei die δόξα, die
ihren sprachlichen Ausdruck im Satze habe. Es lässt sich
leicht aus der Betrachtung der betreffenden Stellen nachwei-
sen, dass im Allgemeinen auch bei Aristoteles dieser schon
im Sprachbewusstsein gegebene Begriff dem genannten Ausdrucke zu Grunde liegt [1]: schon eine aufmerksame Betrachtung
des dritten Kap. des dritten Buches von der Seele lässt darüber keinen Zweifel. Die διάνοια umfasst demnach, um be-

---

[1] Vergl. Magn. Mor. I, 35. 1197a 30.

stimmte Ausdrücke anzuwenden, sowohl bei Aristoteles als bei Plato, zwei innerlich verbundene Thätigkeiten, das Nachdenken (Ueberlegen, Reflectiren) und die den Abschluss des Nachdenkens bildende Entscheidung, das Urtheil; jenes heist speciell διανοεῖσθαι, diese bei Plato δόξα, bei Aristoteles bald δόξα, bald und am gewöhnlichsten ὑπόληψις. Der Unterschied der beiden Ausdrücke kommt hier nicht in Betracht. Als Vermögen gefasst ist also die διάνοια das Vermögen des Nachdenkens oder Reflectirens und des Urtheilens.

Sollen wir nun annehmen, dass überall, wo bei Aristoteles die Ausdrücke διάνοια und διανοεῖσθαι vorkommen, der Begriff des sogenannten niederen Denkens bezeichnet werde und dass ihm die sensitive Seele in ihrer Eigenschaft als „niedere Denkseele" das Princip oder Vermögen der oben angegebenen Thätigkeiten, des Nachdenkens und des Urtheilens, dass ihm also die sensitive Seele in sich selbst die διάνοια sei? Diese Annahme würde mit den bestimmtesten Ausdrücken des Aristoteles im Widerspruch stehen. Er definirt ja gerade in der Psychologie (B. III, Kap. 4) [1]) die intellective Seele oder den νοῦς als das Princip, durch welches die Seele nachdenkt und urtheilt („λέγω δὲ νοῦν ᾧ διανοεῖται καὶ ὑπολαμβάνει ἡ ψυχή"), und nennt im 6. Cap. desselben Buches [2]), wo er absichtlich über die psychologische Function des Urtheilens handelt, den νοῦς dasjenige Princip, durch welches die beiden im Urtheil vorkommenden Begriffe zur Einheit verbunden, als eins erkannt werden. Die διάνοια ist ihm so sehr ein dem νοῦς eigenthümliches Vermögen, dass er dieselbe an anderen Stellen geradezu mit dem νοῦς indentificirt, für denselben einsetzt, sowohl für den theoretischen als für den praktischen νοῦς [3]); und selbst an einer vom Verfasser (S. 8) angeführten Stelle (Part. An. I. 1, 641 b 7) ist der Ausdruck διάνοια nur der Ersatz für das kurz vorher genannte νοητικόν. Doch es ist unnöthig, bei den unzähligen Stellen von gleichem

---

[1]) III, 4. 429 a 23.
[2]) An. III, 6. 430 b 5. Vgl. das. 9. 432 a 26 u. 30.
[3]) An. III, 9. 432 a 16—18. Das. 10. 433 a 13 u. 18. Eth. Nic. VI, 2 ff.

Sinn zu verweilen. Da demnach von Aristoteles sicher
nicht die διάνοια überhaupt der sensitiven Seele zugeschrieben
wird, so würde wenigstens eine bestimmte Art abzuscheiden
und für sich zu umgrenzen sein. Der Verfasser scheint eine
solche bestimmte Art im Auge zu haben, wenn er sagt, das
niedere Denken sei „das praktische Denken des gewöhnlichen
Lebens". Allein, es ist nicht recht klar, was unter dem praktischen Denken verstanden werden soll, ob nur dasjenige
Denken, welches sich auf das Praktische im Aristotelischen
Sinne bezieht und im Ueberlegen und Erwägen der Mittel zu
irgend einem erstrebten Zwecke besteht, oder alles Denken
überhaupt, insofern es nicht durch allgemeine wissenschaftliche Gesichtspunkte geleitet wird.

Doch der Verf. führt mehrere Aristotelische Stellen an,
in denen er einen genügenden Beweis für seine Ansicht zu finden
glaubt (S. 7, Anm. 2). Allein alle diese Stellen scheinen mir
in ihrer Verbindung nicht die Ansicht des Verfassers, sondern
vielmehr deren Gegentheil zu beweisen. Aristoteles sucht im
4. Kap. des 1. Buches über die Seele an der von dem Verfasser angeführten Stelle [1]) nachzuweisen, dass die Seele nicht
als solche, sondern nur *per accidens* bewegt werde dadurch,
dass der Körper bewegt werde; dass gewisse psychische
Aeusserungen nur in sofern Bewegungen seien, als mit ihnen
nothwendig irgend eine körperliche Bewegung verbunden sei,
z. B. das Zürnen und Fürchten nur in sofern, als mit ihm
eine gewisse Bewegung des Herzens, das Nachdenken
(διανοεῖσθαι) nur in sofern, als mit ihm eine gewisse Bewegung des Herzens oder eines andern Teils (ἕτερόν τι —
nämlich des ersten Substrats und Organs der Seele) verbunden sei; und schliesst diese Erörterung mit der Bemerkung,
man dürfe eigentlich nicht sagen, dass die Seele, sondern dass
der Mensch vermittelst der Seele Mitleid empfinde,
lerne, nachdenke (διανοεῖσθαι). Den νοῦς spricht Aristoteles im Gegensatz zu der Seele von dieser engen Beziehung
zum Körper frei, indem er sagt, derselbe scheine als eine
eigene Substanz in den Menschen zu kommen und unver-

---

[1]) 408 b 1 ff.

gänglich zu sein, und das intellectuelle Erkennen (τὸ νοεῖν καὶ θεωρεῖν) nehme nur ab in Folge davon, dass ein anderes Princip im Innern (ohne Zweifel das πρῶτον αἰσθητήριον, der Sitz der φαντάσματα) absterbe. In dieser Stelle wird offenbar das Nachdenken (διανοεῖσθαι) vom νοῖς getrennt und der mit dem Leibe verbundenen sensitiven Seele zugeschrieben. Allein unmittelbar nach den zuletzt angeführten Worten sagt Aristoteles [1]: „Das Nachdenken (διανοεῖσθαι) und Lieben oder Hassen sind nicht Bestimmungen des intellectuellen Erkennens (denn dieses ist unter ἐκεῖνο verstanden), sondern des das intellectuelle Erkennen in sich habenden Subjectes, insofern es dasselbe in sich hat (ᾗ ἐκεῖνο ἔχει). Darin ist denn mit voller Deutlichkeit ausgesprochen, dass das διανοεῖσθαι nicht der sensitiven Seele als solcher zukommt, sondern dass es ihr nur zukommt, durch den Einfluss des νοῖς, dass also im Menschen zu der sensitiven Seele nicht die niedere Denkseele hinzukommt, wie im Thiere zu der vegetativen die sensitive, sondern das in ihm zu der sensitiven Seele nur der νοῖς, und zwar in ganz anderer Weise, hinzukommt. Es ist jetzt nur noch die Frage einerseits, wie das Nachdenken, welches hier der sensitiven Seele zugeschrieben wird, zu bestimmen, d. h., welche bestimmte Thätigkeit damit gemeint sei — denn dass ihr nicht das διανοεῖσθαι schlechthin zukommt, haben wir gesehen — andererseits, worin der hier bestimmt behauptete Einfluss des νοῖς auf die sensitive Seele bestehe und wie er möglich sei. Es ist hier nicht der Ort, diese Frage eingehender zu beantworten, und ich bemerke nur noch, dass für die Beantwortung der ersten in dem eben behandelten Kapitel selbst einige wichtige Anhaltspunkte vorliegen.

Wir haben noch eine Stelle zu betrachten, durch welche der Verf., wie es scheint, zuerst zu seiner Ansicht veranlasst worden ist (S. 7). Aristoteles schliesst die Erörterung, dass immer die höhere Seelenstufe die niedere als ihre Voraussetzung einschliesse, mit den Worten [2]: „Denjenigen unter

---

[1] 408 b 25.
[2] An. II. 3. 415 a 8.

den sterblichen Wesen, denen λογισμὸς (kurz vorher
wurde statt dessen in synonymer Weise gesagt: λογισμὸς καὶ
διάνοια) zukommt, kommen auch alle übrigen Arten der Seele
zu, nicht aber allen, denen diese zukommen, auch λογισμός.
— — Mit dem theoretischen νοῖς aber hat es eine andere
Bewandtniss."

Der Verf. baut auf diese Stelle dem Sinne nach folgenden Syllogismus: „Der theoretische νοῖς (das höhere Denkvermögen) schliesst nach Aristoteles die niederen Seelen nicht
ein; das mit dem Namen λογισμὸς und διάνοια benannte Vermögen (die niedere Denkseele) schliesst die niederen Seelen
ein; also ist dieses letztere Vermögen nach Aristoteles von dem
theoretischen νοῖς verschieden (und gehört der sensitiven
Seele an)." Allein im Untersatze dieses Schlusses ist ein sehr
wichtiges, in obiger Stelle absichtlich hinzugefügtes Moment
ausgelassen, mit dessen Hinzunahme derselbe so lautet: In
den sterblichen Wesen schliesst das mit dem Namen
λογισμὸς benannte Vermögen die niedern Seelen ein; aber
dann muss, wenn der Schlusssatz richtig bleiben soll, auch
der Obersatz mit diesem Zusatze gedacht werden, was auch
vom Verf. zu geschehen scheint; denn sonst würde er den
Schluss nicht ziehen können. Wird aber der Obersatz mit
diesem Zusatze gedacht, so liegt darin ausgesprochen, dass in
den sterblichen Wesen, also namentlich im Menschen, der
νοῦς die untergeordneten Seelen nicht einschliesse, etwas anderes ausgedrückt, sie nicht voraussetze, oder dass es sterbliche
Wesen geben könne, denen νοῖς ohne sensitive Seele zukommt. Dieses leugnet aber Aristoteles ausdrücklich im 12.
Kap. des 3. Buches über die Seele[1]), wo er beweist, dass
kein gewordenes (also kein sterbliches) beseeltes Wesen, dem
Selbstbewegung zukommt, νοῖς κριτικὸς ohne das Vermögen
der Wahrnehmung, also ohne die sensitive Seele haben könne,
deshalb, weil der νοῖς ohne die letztere (d. h. ohne die ihr
angehörenden Phantasmata oder Vorstellungen) sich nicht bethätigen könne. Aus der Vergleichung der jetzt angeführten
Stelle mit der vorigen ergibt sich nun aber ein Zweifaches,

---

¹) 431b 3.

zuerst, dass das Vermögen, welches in dieser λογισμὸς καὶ
διάνοια genannt wird, genau dem νοῖς in der zweiten entspricht, also mit dem theoretischen νοῖς identisch ist, zweitens, dass die Worte: „mit dem theoretischen νοῖς hat es
eine andere Bewandtniss“, sich nicht auf den νοῖς im Menschen, sondern auf den νοῖς überhaupt beziehen und nur be-
sagen sollen, dass der νοῖς überhaupt nicht nothwendig mit
einer sensitiven Seele verbunden sei, sondern im Gegensatze
zu dem νοῖς in den sterblichen Wesen auch für sich existiren und sich bethätigen könne, wie namentlich der absolute
göttliche νοῖς. Also wird auch an dieser Stelle nicht gelehrt,
dass im Menschen die διάνοια ein vom theoretischen Denkvermögen verschiedenes, mit der sensitiven Seele verbundenes
Vermögen sei.

Schliesslich wendet der Verf., um das Verhältniss der sensitiven Seele zu dem von ihm angenommenen niederen Denkvermögen zu kennzeichnen, eine oft besprochene Stelle aus
dem 4. Kap. des 3. Buches der Psychologie an, indem er
sagt, dass die sensitive Seele und das niedere Denkvermögen
sich nicht verhalten, wie zwei verschiedene Dinge, sondern
dass zwischen ihnen dasselbe Verhältniss bestehe, wie zwischen einer krummen Linie und derselben krummen Linie,
wenn sie gerade ausgezogen wird (S. 9). Um die Unzuläs-
sigkeit dieser Deutung der Aristotelischen Stelle zeigen und
statt ihrer eine andere begründen zu können, muss ich dieselbe
hersetzen.

Nachdem Aristoteles in dem genannten Kapitel die we-
sentlichsten Bestimmungen des νοῖς dargelegt hat, erwähnt
er den Unterschied zwischen dem concreten aus Stoff und
Form zusammengesetzten Dinge, wie Wasser, Fleisch, und
der reinen Form desselben, und sagt nun wörtlich [1]): „τὸ
σαρκὶ εἶναι καὶ σάρκα ἢ ἄλλῳ ἢ ἄλλως ἔχοντι κρίνει· — —
τῷ μὲν οὖν αἰσθητικῷ τὸ θερμὸν καὶ ψυχρὸν κρίνει, καὶ ὧν
λόγος τις ἡ σάρξ· ἄλλῳ δὲ ἤτοι χωριστῷ ἢ ὡς ἡ κεκλασμένη
ἔχει πρὸς αὐτὴν ὅταν ἐκταθῇ, τὸ σαρκὶ εἶναι κρίνει.“ Die Erklärung der Stelle hängt zunächst ab von der Frage, wel-

---

[1]) 419 b 12.

ches das Subject zu ‚*κρίνει*' sei. Der Verfasser scheint seiner
Uebersetzung nach ‚*ψυχὴ*' als das Subject zu suppliren, während Andere allgemeiner den Begriff des Menschen hinzudenken. Nach meiner Ueberzeugung kann schon nach rein hermeneutischen Gesetzen nur ‚*νοῦς*' das Subject sein, von dem in dem unmittelbar vorausgehenden Satze gesprochen ist. Es ist freilich oft bei Aristoteles zu Ausdrücken wie *αἰσθάνεται*, *κρίνει*, Seele oder Mensch als Subject zu ergänzen; aber dieses ist an unserer Stelle deshalb nicht zulässig, weil in dem ganzen Kapitel bis dahin nur der *νοῦς* Gegenstand der Untersuchung gewesen ist und weil dieser daher bei dem Schreibenden so sehr im Vordergrunde des Gedankens stehen musste, dass er kaum ein anderes Subject, ohne es zu nennen, an dessen Stelle setzen konnte. Aber auch der Gedanke, der ausgedrückt werden soll, scheint *νοῦς* als Subject zu fordern; denn was Aristoteles sagen will, ist nach meiner Ansicht Folgendes:

Das concrete Ding und die reine Form sind verschieden; aber beide erkennt der *νοῦς*, entweder — da ja das erkennende Princip je nach der Verschiedenheit der Objecte verschieden sein muss — durch verschiedene Fähigkeiten oder Vermögen, oder durch dieselbe Fähigkeit, die sich nur in jedem der beiden Fälle verschieden verhält. Das Fleisch z. B. in seiner Concretheit, d. h. die Qualitäten des Warmen und Kalten und die übrigen, von denen das Fleisch ein bestimmtes Verhältniss darstellt, erkennt er durch die Vermittlung des w a h r n e h m e n d e n P r i n c i p s, (indem er nämlich die diesem angehörenden Phantasmata schaut) aber zugleich   denn dieses ist nothwendig dem ganzen Sinne nach hinzuzudenken, wenn anders der *νοῦς* das erkennende Subject ist — durch eine ihm e i g e n e F ä h i g k e i t, vermöge deren er die in dem wahrnehmenden Princip befindlichen Phantasmata zu schauen und aufzufassen vermag; die reine Form des Fleisches dagegen erkennt er durch eine andere Fähigkeit, die entweder von jener gänzlich geschieden ist, oder sich zu ihr so verhält, wie eine Linie, die umgebogen war, sich zu sich selbst verhält, wenn sie sich wieder gestreckt hat. — Nach diesem Vergleiche wird die Erkenntnissfähigkeit des *νοῦς* oder der

νοῦς selbst in einer zweifachen Beziehung gefasst, einmal in
seiner Beziehung nach Aussen, in welcher er die in der
sensitiven Seele gegenwärtigen Bilder der concreten Dinge
schaut, dann in seiner Beziehung zu sich selbst, in welcher er aus jener Richtung nach Aussen in sich zurückkehrt
und die in jenen Bildern potenziell vorhandenen reinen Formen der Dinge schaut, in welcher er also ganz in sich, ganz
er selbst ist und sich rein aus sich bethätigt. Diese Auffassung der in sich nicht ganz concinnen Stelle wird auch bestätigt durch die Schlussworte derselben [1]: „καὶ ὅλως ἄρα ὡς
χωριστὰ τὰ πράγματα τῆς ὕλης, οὕτω καὶ τὰ περὶ τὸν νοῦν“,
d. h. in gleicher Weise, wie die erkannten Objecte trennbar
sind von der Materie, verhalten sich auch die Bethätigungen
des *νοῦς* (τὰ περὶ τὸν νοῦν), oder, was dasselbe ist, verhält
sich auch der *νοῦς* in seinen Bethätigungen. Sie wird ferner
bestätigt durch die der Stelle unmittelbar vorhergehende Behauptung, der *νοῦς* sei abtrennbar vom Leibe, die, um
richtig verstanden zu werden, einer Erläuterung bedurfte, wie
sie eben in unserer Stelle gegeben wird.

Stimmt aber diese Auffassung überein mit der ganzen
Lehre des Aristoteles? Vollkommen, wie ich glaube. Wir
haben in uns nicht bloss die Erkenntniss einerseits des concreten Dinges, andererseits der reinen Form desselben, sondern auch die Erkenntniss ihrer Verschiedenheit. Diese
Erkenntniss ihrer Verschiedenheit ist nur unter der Bedingung möglich, dass wenigstens in letzter Instanz ein und
dasselbe numerisch untheilbare Princip beide erkennt.
Denn sonst würde es so sein, wie Aristoteles an einer
früheren Stelle [2] von den verschiedenen Wahrnehmungen
sagt, als wenn das eine von mir, das andere von dir
erkannt würde. Oder sollen wir annehmen, dass Aristoteles
die Einheit des erkennenden Princips, die er so ausdrücklich
als die nothwendige Bedingung für die Möglichkeit der Unterscheidung verschiedener Wahrnehmungen nachweist, für die
Unterscheidung der Wahrnehmung des concreten Dinges und

---

[1] 429b 21.
[2] An. III, 2. 426b 19.

seines allgemeinen Begriffes nicht fordert oder doch gänzlich
ignorirt? Dieses eine erkennende Princip kann nur der νοῦς
sein. Denn dieser allein ist es, welcher die reine Form als
solche aufzufassen vermag, er ist seiner Natur nach ‚τὸ δεκτικὸν τῶν εἰδῶν' oder ‚ὁ τόπος τῶν εἰδῶν'; er muss daher
auch, wenn auch nur durch Vermittlung des wahrnehmenden
Princips, die Fähigkeit haben, das concrete jene Form in sich
habende Ding in irgend einer Weise aufzufassen, sofern eine
Unterscheidung beider möglich sein soll. Dass aber Aristoteles dem νοῦς wirklick diese Fähigkeit zuschreibt, spricht er
deutlich aus in der oft wiederholten Behauptung, dass der
νοῦς die reinen Formen der sinnlichen Dinge nur schaue in
den der sensitiven Seele angehörenden Vorstellungsbildern,
und dass er — in Rücksicht der sinnlichen Dinge — überhaupt nicht denke oder schaue, ohne zugleich ein solches
Vorstellungsbild zu schauen und sich gleichsam vor Augen
zu stellen [1]). Dasselbe ergibt sich auch von einer andern
Seite. Wenn in dem erkennenden Subjecte schon irgend
ein allgemeiner Begriff und ein darauf bezügliches allgemeines
Urtheil vorhanden ist, z. B. das allgemeine Urtheil: „in jedem
Dreiecke ist die Summe der Winkel gleich zwei rechten",
und es wird nun ein einzelnes unter jenen Begriff fallendes
Object wahrgenommen, so wird unmittelbar dieses Object unter jenen Begriff subsumirt, z. B. in dem Urtheile: „diese
bestimmte (wahrgenommene) Figur ist ein Dreieck [2])." Jener
allgemeine Begriff und das auf ihn bezügliche Urtheil gehört
dem νοῦς als solchem an. Demselben Princip wird also auch
das Urtheil, in welchem das wahrgenommene Object dem
allgemeinen Begriffe subsumirt, mit ihm identisch gesetzt wird,
angehören; und Aristoteles bezeichnet auch ausdrücklich den
νοῦς als das Princip, durch welches die Einheit der Glieder
eines Urtheils erkannt wird. Wenn aber der νοῦς die Sub-
sumtion des wahrgenommenen einzelnen Objectes unter den
Begriff vollzieht, so muss er das von der sensitiven Seele

---

[1]) An. III, 7. 431 a 14 u. 4 b 2; S. 432 a 3—14; Mem. 1. 449 b 31—
450 a 9. Vergl. An. III, 6. 429 b 27 ff.; 7. 431 b 12—19.

[2]) Anal. post. I, 1. 71 a 17 ff.

wahrgenommene Bild als solches in irgend einer Weise auffassen. In gleichem Sinne wird in der Nikomachischen (oder
Eudemischen) Ethik, VI, 9 und 12 [1]), der praktische νοῦς,
welcher dem Subjecte nach mit dem theoretischen identisch ist, als das Princip bezeichnet, welches ein einzelnes
wahrgenommenes oder wahrnehmbares Object einem allgemeinen Begriffe, der das Ziel des Handelns in sich trägt, subsumirt, oder diesen allgemeinen Begriff in dem wahrgenommenen Objecte erkennt; und insofern sich mit der Wahrnehmung dieser allgemeine Begriff verbindet, wird diese selbst
νοῦς genannt. Wenigstens scheint mir dieses der Sinn der
schwierigen Stellen zu sein. — Ferner, die Erkenntniss im
eigentlichen Sinne, als Correlat des Seins im eigentlichen Sinne,
schliesst nach Aristoteles die Erkenntniss der Wirklichkeit
der erkannten Objecte ein. Die Erkenntniss des Allgemeinen als solchen, welches den Inhalt der allgemeinen Begriffe
bildet, ist für sich allein nur die Erkenntniss eines bloss
Möglichen; und in diesem Sinne nennt Aristoteles die Erkenntniss des Allgemeinen für sich allein eine bloss poten-
tielle Erkenntniss, die zur actualen Erkenntniss, d. h. zu einer
Erkenntniss schlechthin, erst wird durch die Erkenntniss eines
real existirenden Einzelnen, welches das Allgemeine als sein
Wesen in sich hat [2]). Nun vermag aber der νοῦς, dem
doch die Erkenntniss im eigentlichen Sinne angehört, die einzelnen ihm äusseren Dinge (τὰ ἐκτός) als real existirende nur
vermittelst einer actualen Wahrnehmung — selbstverständlich auch durch einen auf Wahrnehmung gegründeten Schluss
— zu erkennen [3]). Folglich muss der νοῦς, wenn er der Erkenntniss im angegebenen Sinne fähig sein soll, sowohl den Act
der Wahrnehmung als auch deren Inhalt in irgend einer
Weise aufzufassen vermögen. Wie nach Aristoteles diese
Auffassung zu denken sei, ist allerdings eine andere schwer
zu lösende Frage.

Durch alle diese Momente scheint mir hinlänglich bestä-

---

[1]) 1142a 25 ff.; 1143a 35 ff.
[2]) Met. XIII, 10. 1087a 15.
[3]) An. II, 5. 417b 26; Sens. 6. 445b 16; Met. VII, 10. 1036a 2 ff.;
15. 1039b 27 ff.

tigt zu werden, was ich bei dem Bilde von der umgebogenen und wieder gestreckten Linie bemerkte, dass Aristoteles in der Bethätigung des menschlichen νοῖς eine zweifache Beziehung unterscheidet, die eine nach Aussen, insofern er die in der sensitiven Seele gegebenen Vorstellungsbilder auffasst, die andere nach Innen selbst, insofern er in sich selbst die aus jenen Bildern aufgenommenen reinen Formen der Dinge schaut. Ist dieses aber richtig, so ist an der besprochenen Stelle der νοῖς selbst, nicht ein von ihm verschiedenes mit der sensitiven Seele real identisches niederes Denkvermögen gemeint.

———————

1. In der Darstellung der Aristotelischen Lehre von den äussern Sinnen verfährt Baeumker so, dass er dieselben in klarer Ordnung in vierfacher Rücksicht, nämlich in Rücksicht auf ihr Object, auf ihr Medium, auf ihr Organ und auf das Vermögen der Wahrnehmung selbst betrachtet. Ich hebe nur seine Darstellung des Geruchssinnes hervor, in Betreff dessen seine Ansicht von der gewöhnlichen abweicht und zwar speciell in Bezug auf das Object des Geruches. Mit der Besprechung werden sich von selbst auch die allgemeineren auf alle Sinne bezüglichen Gesichtspunkte ergeben.

Das Object des Geruches, der Geruch im objectiven Sinne, sagt der Verfasser (S. 28), ist das Riechbare; ein Ausdruck, durch welchen die objective Geruchsqualität als Correlat des Geruchsvermögens bezeichnet wird. Was nun die objective concrete Natur dieses Objectes angeht, so zeigt der Verf. unter Anführung der betreffenden Stelle [1], dass Aristoteles die Meinung derjenigen, welche den objectiven Geruch „für eine rauchartige trockene oder für eine wässerige Ausdünstung oder für beides halten", entschieden verwerfe. Dem steht nun eine andere Stelle [2], wie der Verf. selbst anführt, entgegen, in welcher von Aristoteles selbst der objective Geruch für eine rauchartige Ausdünstung erklärt zu werden scheint. Aber in Bezug auf diese Stelle sucht er zu zeigen, dass sie nicht die eigene Meinung des Aristoteles ausdrücke, sondern nur die Art bezeichnen solle, in welcher von den Vertretern der eben abgewiesenen Ansicht die Sache vernünftiger Weise gefasst werden müsste (S. 31

---

[1] Sens. 5. 443a 21.
[2] Das. 2. 438b 24.

und 47). Er führt zur Begründung dieser Annahme (S. 47,
Anm. 4) drei Momente an, zuerst, dass die hier ausgesprochene Meinung gerade die sei, welche in der vorhin angeführten Stelle als die Meinung Andrer angeführt und ausdrücklich verworfen werde; dann, dass dieses ganze Kapitel
nicht der Darstellung der eigenen Meinung des Aristoteles,
sondern einer Besprechung der Meinung derer, die die fünf
Sinnesorgane je einem der vier Elemente zuwiesen, gewid-
met sei, und dass die Stelle, in welcher der fragliche Ausspruch vorkommt, nur den Zweck habe, zu zeigen, in welcher
Weise man unter Voraussetzung jener Meinung die vier Elemente auf die Sinnesorgane vertheilen müsse; endlich, dass
die von Bekker im Anfang der Stelle (439 b 17) recipirte
Lesart: „φανερὸν ὡς δεῖ κτλ." unsicher und dass dafür mit
vier Handschriften und der Moerbeka'schen Uebersetzung:
„ὡς, εἰ δεῖ κτλ." einzusetzen sei, wo denn die oben behauptete Absicht der Stelle sofort hervortrete.

Ich kann diesen Ausführungen nur vollständig beitreten.
Ich halte die vorgeschlagene Lesung für durchaus nothwendig und sicher; nur muss wohl noch aus denselben Quellen
im ersten Anfang der Stelle (b 16) statt „εἴπερ τούτων τι‘,
gelesen werden: „εἴπερ ἐπὶ τούτων." Denn dieses entspricht
allein vollständig der bis dahin vollendeten Erörterung, deren
Resultat kurz dieses ist, dass die Meinung derjenigen, welche
die einzelnen Sinnesorgane auf die vier Elemente vertheilen,
wenigstens in Bezug auf das Gesichtsorgan, welches sie aus
Feuer bestehen lassen, unrichtig sei, dass vielmehr das Organ
des Sehens seiner elementaren Form nach so beschaffen sein
müsse, dass es die Fähigkeit habe, die Qualität des Lichtes
und der Farbe in sich aufzunehmen, dass es also durchsichtig sein, folglich aus Wasser bestehen müsse. Im Anschluss
hieran behauptet er weiter, dass, wenn dieses vom Gesichtsorgane gelte, es auch von den übrigen Organen gelten müsse,
und zeigt, wie nach diesem Princip die Elemente auf die Organe zu vertheilen sein würden. Die Stelle würde demnach
im Zusammenhange so lauten: „ὥστ' εἴπερ ἐπὶ τούτων (nämlich bei dem Organe des Gesichtssinnes; der Plural wird kaum
befremden) συμβαίνει, καθάπερ λέγομεν, φανερόν, ὡς, εἰ δεῖ

τοῦτον τὸν τρόπον ἀποδιδόναι καὶ προσάπτειν ἕκαστον τῶν αἰσθητηρίων ἑνὶ τῶν στοιχείων, τοῖ μὲν ὄμματος τὸ ὁρατικὸν ὕδατος ὑποληπτέον, ἀέρος δὲ τὸ τῶν ψόφων αἰσθητικόν, πρὸς δὲ τὴν ὄσφρησιν." Dieser letzte Satz, dass man unter jener Voraussetzung das Geruchsorgan aus Feuer bestehen lassen müsse, wird nun in dem Folgenden näher begründet, indem Aristoteles seine Ansicht über das Wesen der Organe, wonach sie der Potenz nach sind, was die entsprechenden Objecte der Wirklichkeit nach sind, anwendet und demnach sagt, das Geruchsorgan müsse zwar an sich kalt, der Potenz nach aber warm (Feuer) sein, weil das Object rauchartige Ausdünstung, also aus Feuer oder feuerartig sei. Es ist klar, dass diese Behauptung hier nur in Rücksicht auf die Meinung Anderer aufgestellt wird. Indessen wird sich zeigen, dass sie mit einer gewissen Modification auch von der eigenen Meinung des Aristoteles nicht gar zu weit absteht.

Was nun die eigene Ansicht des Aristoteles angeht, so sagt der Verfasser (S. 32), Aristoteles bestimme den objectiven Geruch nur durch die Angabe seines Unterschiedes von dem analogen objectiven Geschmacke; während ihm dieser etwas Nasses sei, nenne er den objectiven Geruch eine „geschmackähnliche Trockenheit", die actuell erst im feuchten Medium, Luft oder Wasser, auftrete, und so definire er den objectiven Geruch als die „Natur des geschmackähnlichen Trockenen im feuchten Mittel." Er findet dieses ausgesprochen in *Sens.* 5. 442 b 30 und 443 a 6 — 8. In Uebereinstimmung damit steht, was er über das Medium des Geruches sagt (S. 41); das Medium des Geruches sei nach Aristoteles, wie beim Gesichtssinne, Wasser und Luft, aber diese seien Medium des Geruchssinnes nicht, insofern sie durchsichtig, sondern insofern sie die „geschmackähnliche Trockenheit (ἔγχυμος ξηρότης) gewissermassen fortspülen" — nach *Sens.* 5. 442 b 29.

Diese Bestimmungen scheinen mir von der wirklichen Ansicht des Aristoteles in sehr wesentlichen Punkten abzuweichen. Aristoteles gibt zwar den Unterschied des objectiven Geruches von dem objectiven Geschmacke an, aber er bestimmt auch positiv die ganze Natur des objectiven Ge-

ruches für sich eben so vollkommen, als die des Geschmackes.
Ferner, er sagt nicht, der objective Geschmack oder die
Geschmacksqualität im objectiven Sinne sei ein Nasses oder
Feuchtes, sondern sie sei ein πάϑος, eine accidentelle
Qualität im Feuchten oder Wasser, welche dieses in
Folge einer Durchseihung durch gewisse trockene und erdige
Stoffe unter Vermittlung der Wärme in sich aufnehme [1]). Und
er sagt nicht, der objective Geruch oder die Geruchsqualität
im objectiven Sinne sei eine geschmackähnliche Trockenheit,
sondern sie sei eine gewisse Modification oder Qualität in dem feuchten Medium (Wasser und Luft), welche
dieses in Folge einer gewissen Wechselwirkung mit der
,ἔγχυμος ξηρότης' oder dem ,ἔγχυμον ξηρὸν' in sich aufnehme [2]).
Es ist ja auch klar, dass Aristoteles nach seiner vom Verfasser selbst oft erwähnten und in Bezug auf den Geruch besonders betonten Anschauung den objectiven Geruch nicht in
der von ihm angenommenen Weise bestimmen kann. Denn
das ἔγχυμον ξηρόν, welches im feuchten Medium ist und von
ihm gleichsam fortgespült wird, ist kaum anders zu denken
als ein Ausfluss von einem gleichartigen Körper, und die Fort-
spülung desselben ist nur dem Namen nach von der verwor-
fenen Ausdünstung verschieden.

Die Veranlassung zu der nach meiner Meinung unrich-
tigen Auffassung ist wohl die unrichtige Deutung dreier
von Aristoteles gebrauchter Ausdrücke, nämlich des Ausdruckes ,ἔγχυμον' und der Ausdrücke ,πλυντικόν' und ,ῥυπτι-
κόν'. Ἔγχυμον heisst nicht ,geschmackähnlich', sondern ,ge-
schmackhaltig' oder ,safthaltig', je nach dem Zusammenhange;
ein ,geschmack- oder safthaltiges Trocknes' gibt einen guten
Begriff; ein ,geschmackähnliches Trocknes' dagegen nicht. Und
wenn Aristoteles sagt, das feuchte Medium Wasser und Luft
sei einer ihm beiwohnenden Natur nach „πλυντικὸν καὶ ῥυ-
πτικὸν ἔγχυμον ξηρότητος", so heisst das nicht, dasselbe habe
die Fähigkeit, das geschmackhaltige Trockne gleichsam fort-
zuspülen, sondern es habe die Fähigkeit, dasselbe gleich-

---

[1]) Sens. 4. 441 b 15—20.
[2]) Das. 5. 442 b 30; 443 a 6; 445 a 13.

sam auszuwaschen und dadurch die demselben (potenziell oder actuell) beiwohnende Natur (φύσις) oder Qualität
(die Geruchsqualität als solche) in sich aufzunehmen, sich
mit ihr zu informiren. Der Ausdruck, das feuchte Medium
habe vermöge einer ihm eigenthümlichen Natur die Fähigkeit, das geschmackhaltige Trockne auszuwaschen, ist
nicht in dem Sinne gemeint, dass es Stofftheile von demselben in sich fortführe, sondern bildlich in dem Sinne, dass es
bei seiner Berührung mit ihm eine Qualität von demselben
ohne den Stoff in sich aufnehme. Diese bildliche Auffassung
bezeugt Aristoteles selbst, indem er sagt:[1] „διὸ εὐλόγως παρ-
είκασται (τὸ ὀσφραντὸν) ξηρότητος ἐν ὑγρῷ οἷον βαφή τις
εἶναι καὶ πλύσις," d. h. deshalb haben wir mit gutem Grunde
gesagt, die Geruchsqualität im objectiven Sinne sei ähn-
lich einer Abfärbung und Auswaschung des Trocknen im
Feuchten.

Aber was ist denn nun der Geruch im objectiven Sinne
nach Aristoteles? Die Antwort ist in dem Vorigen schon
enthalten. Er ist eine bestimmte in dem feuchten Medium,
dem Wasser und der Luft, potenziell angelegte Qualität, analog der des Lichtes und des Tones, welche in diesem in Folge
der Berührung und einer gewissen Wechselwirkung mit geschmackhaltigen Substanzen actual wird und bei der Berührung des Geruchsorgans von Seite jenes Mediums die Geruchs-
empfindung erzeugt. — Diese Bestimmung der Geruchsqualität
würde schon aus der Grundanschauung des Aristoteles über
das Wesen der Wahrnehmung folgen, wenn sie auch nicht
audrücklich von ihm entwickelt würde. Die Wahrnehmung
entsteht ihm, wie vom Verf. an mehreren Stellen richtig hervorgehoben wird, nicht dadurch, dass Ausflüsse der Objecte,
die deren Qualitäten in sich tragen, in die Organe eindringen, sondern dadurch, dass die Organe die Qualitäten als solche
ohne alle Beimischung des ihnen zu Grunde liegenden Stoffes in
sich aufnehmen; und diese Qualitäten allein werden wahrgenommen. Diese Qualitäten als solche sind in gewissen Medien, durch
welche sie mit den Organen vermittelt werden, nament-

---

[1] 445a 13.

lich in Luft und Wasser, der Potenz nach angelegt, und werden in ihnen actual durch die Einwirkung gewisser specifischer Ursachen. So wird im Wasser und in der Luft die in ihnen angelegte Potenz des Lichtes, die ihnen zukommende potenzielle Durchsichtigkeit, actual durch die Gegenwart eines feuerartigen Princips; die in der Luft potenziell angelegte Qualität des Tones wird in ihr actual durch das Zusammenschlagen gewisser Körper. In gleicher Weise ist auch die Geruchsqualität im Wasser und in der Luft als eine bestimmte Potenz enthalten und wird in ihnen zur Actualität gebracht durch eine bestimmte Ursache, welche eben ihrer Natur nach jener Potenz als das active Princip entspricht.

Allein Aristoteles stellt die Sache auch ausdrücklich in dieser Weise dar. Er sagt gleich im Anfange des betreffenden Abschnittes (de Sens. 5): „Was in dem Feuchten das Trockne bewirkt, das bewirkt in einem andern Medium das geschmackhaltige Trockne" (denn für τὸ ἔγχυμον ‚ἐγρὸν᾽ ist wohl dem Folgenden gemäss τὸ ἔγχ. ‚ξηρὸν᾽ zu lesen). Was bewirkt denn das Trockne im Feuchten? Indem die Natur durch die Vermittelung der Wärme das Feuchte durch das Trockne und Erdartige hindurchseiht oder hindurchtreibt, macht sie das Feuchte zu einem ποιόν τι, actualisirt in ihm eine gewisse Qualität, nämlich die des Geschmackes, welche nun definirt wird als ein von dem Trocknen hervorgebrachtes πάθος, also eine accidentelle Qualität in dem Feuchten, die ihrerseits durch ihre Einwirkung auf das Geschmacksorgan die Geschmackempfindung hervorbringt [1]. In derselben Weise macht also auch das geschmackhaltige Trockne das Wasser und die Luft zu einem ποιόν τι, actualisirt in ihnen eine gewisse Qualität, die des Geruchs oder, wie in der Psychologie [2] gesagt wird, die Luft erleidet etwas, und wird dadurch augenblicklich wahrnehmbar für den Geruchssinn. Wasser und Luft nämlich haben, wie Aristoteles hier noch besonders hinzufügt, vermöge einer ihnen eigenthümlichen Natur die Fähigkeit, das geschmackhaltige Trockne in sich

---

[1] Sens. 4. 441 b 17 ff.
[2] An. II, 12. 424 b 14.

auszuwaschen, d. h., wie oben gezeigt wurde, die diesem zukommende Natur oder Qualität in sich aufzunehmen; eine
Behauptung, in der dem Sinne nach dieses liegt, dass in jenen
beiden Medien die Geruchsqualität als Potenz angelegt sei.
Demnach definirt er nun den Geruch im objectiven Sinne
(τὸ ὀσφραντόν, ἡ ὀσμή) als „die im feuchten Medium (Wasser und Luft) gegenwärtige Natur (φύσις) des geschmackhaltigen Trocknen" [1]); wobei besonders zu beachten ist, dass
eben nur die Natur, die Qualität, die Form des geschmackhaltigen Trocknen, nicht dieses selbst seinem Stoffe
nach von dem feuchten Medium aufgenommen werden soll.

Nur noch eine kurze Bemerkung zur Erläuterung einer früheren Behauptung! Das Medium der Geruchsqualität ist nach
Aristoteles Wasser und Luft; dasselbe gilt von dem Geruchsorgane. Den Vorgang, durch welchen das Medium diese Qualität actual in sich aufnimmt, vergleicht er mit einer Auswaschung des geschmackhaltigen Trocknen; wegen einer
gewissen Wirkungsweise auf den Organismus schreibt er der
Geruchsqualität die Natur des Warmen zu [2]). Wenn er nun,
wie wir sahen, an einer früheren Stelle behauptet, dass man
bei der Annahme einer Vertheilung der vier Elemente auf die
Sinnesorgane das Geruchsorgan aus Feuer bestehen lassen
müsse in dem Sinne, dass das Organ seiner Natur nach zwar
kalt, der Potenz nach aber warm sein müsse, weil die Geruchsqualität, die das Organ aufzunehmen hat, **eine Art**
von rauchartiger Ausdünstung (ἀναθυμίασίς τις) sei, die
vom Feuer stamme, so ist klar, dass er mit den verclausu-
lirten Ausdrücken dieser Behauptung dasselbe sagen will, was
er bald darauf als seine wirkliche Meinung hinstellt.

Ich unterlasse es, dem Zwecke dieser Abhandlung gemäss, auf die übrigen Sinne einzugehen, die von Aristoteles
in Bezug auf ihre Objecte, Medien und Organe nach denselben Grundsätzen dargestellt werden.

2. Nachdem Bäumker die einzelnen Sinne nach den angegebenen Gesichtspunkten behandelt hat, betrachtet er das

---

[1]) Das. 5. 443 a 7.
[2]) Sens. 444 a 24.

Sinnesvermögen, d. h. das psychische Vermögen der Wahrnehmung als solches. Er stellt (S. 60) namentlich die Frage auf, wie sich das Wahrnehmungsvermögen zu der sensitiven Seele verhalte, ob es mit dieser ‚real identisch und nur dem Sein, d. h. dem Begriffe nach von ihr verschieden sei oder nicht', und meint, Aristoteles entscheide sich für das letztere. Es ist mir nicht ganz klar, was dieses ‚letztere' sein soll. Der grammatischen Construction nach ist es das in dem ‚oder nicht' angedeutete zweite Glied der in der Frage aufgestellten Alternative, und dann würde die Meinung die sein, dass nach Aristoteles das Wahrnehmungsvermögen von der sensitiven Seele nicht bloss dem Begriffe nach, sondern auch real (dem Subject und der Zahl nach?) verschieden sei. Wenn dann aber später (S. 61) gesagt wird, das Vermögen der Wahrnehmung füge dem in sich schon abgeschlossenen Sein der (sensitiven) Seele eine real verschiedene (was hier nur heissen kann, eine dem Wesen oder Begriffe nach verschiedene) Vollkommenheit hinzu, es verhalte sich zu ihr wie ein Accidens, eine Qualität, so scheint es, als wenn das erste Glied jener Alternative als die Meinung des Aristoteles gesetzt werden solle. Wie dem auch sein mag, nach meiner Ueberzeugung ist die Meinung des Aristoteles, dass das Wahrnehmungsvermögen mit der sensitiven Seele der Zahl nach identisch, dem Sein oder dem Begriffe nach aber in einer gewissen Beziehung von derselben verschieden, in einer andern Beziehung, die hier allein gemeint sein kann, mit ihr identisch ist. Nach Aristoteles umfasst nämlich die sensitive Seele als ein und dasselbe Princip der Zahl nach einerseits das Vermögen der Wahrnehmung und der Phantasie (τὸ αἰσϑητικὸν und τὸ φαντασικόν), anderseits das Vermögen des Strebens oder Begehrens (τὸ ὀρεκτικόν). Wird die sensitive Seele in diesem umfassenden Sinne verstanden, so ist das Wahrnehmungsvermögen nur der Zahl nach mit ihr identisch, dem Begriffe nach aber von ihr insofern verschieden, als der Begriff des Theils von dem des Ganzen verschieden ist.

Der Verf. verwendet zur Begründung seiner Ansicht eine Stelle im 5. Cap. des 2. Buches von der Seele [1]), in welcher

---

[1]) 417 a 21.

Aristoteles in Bezug auf die Wahrnehmung die Weisen unterscheidet, in welchen einem Gegenstande Potenzialität und Actualität in Bezug auf eine Eigenschaft oder Thätigkeit zugeschrieben werden kann. Aristoteles gebraucht als Beispiel
einer solchen Eigenschaft das Wissen und sagt: wir schreiben
dem Menschen in dreifacher Weise das Wissen zu; zuerst
nennen wir jeden Menschen überhaupt wissend, insofern im
Wesen der Gattung und in der ῦλη (der specifischen Materie)
das Wissen angelegt ist; dann nennen wir insbesondere denjenigen wissend, der sich durch Lernen schon eine Wissen-
schaft angeeignet hat und aus sich zur actualen Betrachtung
ihrer Sätze übergehen kann, wenn kein äusseres Hinderniss
im Wege steht; endlich nennen wir denjenigen wissend, und
zwar im eigentlichen Sinne, der actual im Beschauen oder
Betrachten eines Inhalts sich bethätigt. In den beiden ersten
Fällen ist das Wissen in dem betreffenden Subjecte nur potenziell vorhanden, aber in verschiedener Weise; im dritten
Falle ist es schlechthin actual. Der Verf. bezeichnet (S. 60)
richtig die erste Stufe als reine Potenz (deren Begriff
aber noch zu definiren ist, nach Met. IX, 7), die zweite als
actus primus, die dritte als *actus secundus.*

In der Anwendung dieser drei Stufen auf die Wahrnehmung wird ganz richtig mit der dritten Stufe, oder dem *actus
secundus,* das actuale Wahrnehmen, wie es bei der Einwirkung äusserer Objecte vorhanden ist, mit der zweiten Stufe
oder dem *actus primus* das Wahrnehmungsvermögen
als solches parallelisirt. Der Irrthum liegt in der Behauptung,
dass der ersten Stufe, der reinen Potenz, die ‚in der sensitiven Seele angelegte vage Möglichkeit der Wahrnehmung‘
entspreche. Es ist darin ausgesprochen, was auch bald darauf ausdrücklich behauptet wird, dass die sensitive Seele als
solche zuerst ohne das Wahrnehmungsvermögen im eigentlichen Sinne, d. h. ohne die Fähigkeit, sich aus sich beim
Vorhandensein der nothwendigen Bedingungen wahrnehmend
zu bethätigen, vorhanden sei, dass ihr als solcher nur die
einfache Möglichkeit zur Aufnahme dieses Vermögens als
„einer neuen realen Vollkommenheit" zukomme, und dass sie
es wirklich in sich aufnehme in Folge einer durch ein anderes

Princip bewirkten ‚Verwandlung'. Dieses ist aber nicht die
Ansicht des Aristoteles. Dasjenige, was der genannten ersten.
Stufe, der reinen Potenz entspricht, ist die specifische Materie des Thieres, der Samen, welcher durch den Erzeuger die sensitive Seele nicht etwa als eine in sich schon
vollendete Form, sondern nur der Potenz nach in sich hat.
Aristoteles sagt im 3. Kapitel des 2. Buches über die Theile
der Thiere [1]), wo er diese Frage absichtlich behandelt: „der
Samen und der werdende Foetus hat die Seele der Potenz
nach aber nicht der Wirklichkeit nach in sich." Dieser die
sensitive Seele der Potenz nach in sich habende Samen ist
der Gegenstand der ersten Umwandlung ($\mu\epsilon\tau\alpha\beta\omicron\lambda\acute{\eta}$) des wahrnehmenden Princip, welche von Aristoteles im Anschluss
an die oben genannten drei Stufen in demselben Kapitel der
Psychologie [2]) dem Erzeuger zugeschrieben wird. Denn von
diesem wird dem Samen zugleich mit dem psychischen Princip
die Bewegung mitgetheilt, in Folge deren sich der Samen zum
Thiere entwickelt. Mit dieser Entwicklung des Samens wird
die sensitive Seele, die bis dahin immer nur der Potenz nach
vorhanden war, selbst actual und ist actual im Sinne der oben
genannten zweiten Stufe, des *actus primus,* in dem Momente,
in welchem sich die Entwicklung in ihrem Ziele, dem fertigen
Thiere, vollendet hat. Mit dieser ersten Actualität der sensitiven Seele ist aber auch das Wahrnehmungsvermögen als
solches actual, d. h., die Fähigkeit der Seele, sofort und ohne
weitere Zwischenstufen beim Vorhandensein der erforderlichen
Bedingungen actual wahrzunehmen, in die dritte der genannten
Stufen überzugehen. Das Wahrnehmungsvermögen ist also
mit der sensitiven Seele der Zahl oder dem Subjecte nach
identisch und nur insofern dem Begriffe nach von ihr verschieden, als die sensitive Seele ausserdem noch andere Vermögen umfasst.

---

[1]) Part. An. II, 3. 737 a 16. Vgl. 736 b 8—15.
[2]) II, 5. 417 b 16.

III

Nach den peripherischen Sinnen ist zu handeln über den
Centralsinn, über Wirklichkeit und Wesen desselben, über
sein Verhältniss zu den peripherischen Sinnen und über seinen
örtlichen Sitz im Leibe. Ein centraler Sinn setzt nach der
Aristotelischen Lehre von der Seele ein centrales körperliches
Organ voraus. Ich werde zuerst nur vom centralen Sinne
als solchem sprechen, indem ich stillschweigend sein Organ
mit verstehe, und dann in einem besonderen Abschnitte über
das Centralorgan und dessen Sitz im Leibe handeln.

1. Ob es einen Centralsinn gibt und worin sein Wesen besteht, kann nur zugleich und aus denselben Gründen erkannt
werden. Die Entscheidung hängt ab von der Frage, ob es
im Wahrnehmungsprocesse solche Functionen gibt, welche
nur unter Voraussetzung eines Centralsinnes möglich sind.
Aristoteles führt zwei solche Functionen an, nämlich die
Vergleichung und Unterscheidung der von den einzelnen Sinnen wahrgenommenen Objecte, und die Wahrnehmung des Actes der Wahrnehmung selbst oder
das sinnliche Bewusstsein [1]. Von Baeumker wird noch eine
dritte Function, nämlich die Auffassung der sogenannten
gemeinsamen Objecte für sich hinzugefügt. Aristoteles
führt dieselbe da, wo er das Dasein eines Centralsinnes nachweist, niemals als eine besondere Function desselben an, und
zwar mit Recht, weil sie der Sache nach mit der zuerst genannten vollständig zusammenfällt. Ich will dieselbe indess,
und zwar an erster Stelle, einer kurzen Besprechung unter-

---

[1] An. III, 2. 426b 12 ff.; 7. 431a 20 ff.; De somn. 2. 455a 15 ff.
Vergl. An. III, 2. 425a 12 ff.

ziehen, weil sich an sie ein Missverständniss über eine schwierige Stelle in der Aristotelischen Psychologie und damit zugleich ein Missverständniss über die Aristotelische Ansicht von dem Verhältnisse des Centralsinnes zu den einzelnen Sinnen knüpft.

Als gemeinsame Objecte der Wahrnehmung werden von Aristoteles Bewegung und Ruhe, Ausdehnung und mathematische Form, Einheit und Zahl bezeichnet; und zwar werden diese Objecte deshalb gemeinsame genannt, weil sie mehr oder weniger von allen Einzelsinnen zugleich mit ihren eigenthümlichen Objecten (Licht und Farbe, Härte und Weichheit u. s. w.), wahrgenommen werden. Für sich und abgesondert von den den einzelnen eigenthümlichen Objecten können sie erst wahrgenommen werden von dem Sinne, dem die Vergleichung und Unterscheidung aller durch die Einzelsinne wahrgenommenen Objecte zukommt, also von dem Centralsinne. Dieses wird auch von Baeumker ganz richtig entwickelt. Er fügt aber, um die Behauptung, dass die gemeinsamen Objecte von den einzelnen Sinnen als solchen wahrgenommen werden, ins richtige Licht zu stellen, noch die Bemerkung hinzu, dass nach Aristoteles in gewissem Sinne auch die einem einzelnen Sinne eigenthümlichen Objecte von jedem anderen wahrgenommen werden, wie z. B. in dem Falle, dass in demselben Gegenstande die Qualitäten weiss und süss vorhanden seien, dem Gesichtssinne auch die Wahrnehmung der dem Geschmackssinne eigenthümlichen Qualität zugeschrieben werden könne; eine derartige Wahrnehmung sei aber — im Unterschiede von der Wahrnehmung der gemeinsamen Objecte durch alle Sinne — nur eine accidentelle. Diese Bemerkung, welche sich auf eine Stelle der Psychologie, III, 1 [1]), gründet, entspricht nicht dem, was Aristoteles an dieser Stelle sagen will und führt zu einer irrigen Auffassung seiner Ansicht über das Verhältniss des Centralsinnes zu den Einzelsinnen, welche für seine ganze Psychologie so wichtig ist. Wir müssen daher die genannte Stelle genauer in Betracht ziehen.

---

[1]) 425 a 21 ff.

Aristoteles hat kurz vorher [1]) behauptet, dass die gemeinsamen Objecte, Bewegung und Ruhe u. s. w., von den einzelnen Sinnen unmittelbar mit ihren eigenen Objecten in Folge einer bestimmten Modification oder Bewegung der Organe (ich lese κινήσει statt des von Torstrik vorgeschlagenen κοινῇ) wahrgenommen werden, mit andern Worten, dass bei jedem Sinne mit der Wahrnehmung des eigenen Objectes unmittelbar die Wahrnehmung der gemeinsamen verbunden sei; und er schliesst daraus, dass es kein besonderes Organ für diese letzteren geben könne. Es folgt nun die oben erwähnte Stelle, deren Zweck es ist, den zuletzt ausgesprochenen Satz zu begründen. Ich bemerke vorab in Bezug auf den Text, dass auch nach meiner Ueberzeugung derselbe nicht, wie Torstrik meint, zwei verschiedene Recensionen darstellt, und zwar schon deshalb nicht, weil eine dieser Recensionen nicht enthalten würde, was sie enthalten muss. Dann in Bezug auf die Interpretation, dass die Worte: „εἰ δὲ μή, οὐδαμῶς κτλ." (Z. 24), in denen die Schwierigkeit liegt, nicht die hypothetische Verneinung des Satzes: „οὕτω γὰρ ἔσται κτλ." (Z. 21) enthalten, sondern des Satzes: „ὅτι ἀμφοῖν ἔχοντες τυγχάνομεν αἴσθησιν" (Z. 22), zu dem sie auch ihrer grammatischen Stellung nach gehören; dass sie also so zu ergänzen sind: „εἰ δὲ μὴ ἀμφοῖν ἔχοντες ἐτυγχάνομεν αἴσθησιν, οὐδαμῶς ἀλλ' ἢ κατὰ συμβεβηκὸς ᾐσθανόμεθα."

Der Grundgedanke der ganzen Stelle, die einen vollständig gegliederten Syllogismus nach der zweiten Figur bildet, ist die in dem vorhergehenden Satze enthaltene Behauptung, dass die gemeinsamen Objecte von den einzelnen Sinnen zugleich mit ihren eigenen Objecten unmittelbar wahrgenommen werden; sie bildet den Untersatz des Syllogismus und wird auch von Aristoteles als solcher ausgesprochen. Im Obersatze ist der wesentlichste Theil des Gedankens („τοῦτο δὲ ὅτι κτλ." Z. 22) nur äusserst kurz angedeutet, erhält aber nach Vollendung des Syllogismus (Z. 30 ff.) seine nothwendige Erläuterung. Der volle Sinn der Stelle ist nun dieser: „Wenn man bei der Thatsache, dass bei den einzelnen Sinnen mit der Wahr-

---

[1]) Das. 425 a 13—20.

nehmung ihrer eigenthümlichen Objecte immer die Wahrnehmung der gemeinsamen Objecte — z. B. mit der Wahrnehmung der Farbe die Wahrnehmung einer farbigen Fläche
— unmittelbar verbunden ist, annehmen will, dass es für
die gemeinsamen Objecte ein besonderes von den bekannten
fünf verschiedenes Sinnesorgan gebe, so müsste jene Verbindung analog sein der Art und Weise, in der wir etwa mit
dem Gesichtssinne die dem Geschmackssinne eigenthümliche
Qualität des Süssen wahrnehmen. Dieses geschieht aber in
der Weise, dass wir von früher her die Wahrnehmung beider
Qualitäten, der des Süssen und etwa des Weissen, als in einem
bestimmten Gegenstande zur Einheit verbundener (denn
dieses ist wegen des Singulars αἴσϑησις mit dem folgenden ᾗ
und im Anschluss an die später folgende Erläuterung hinzuzudenken) schon besitzen (ἔχοντες τυγχάνομεν), und nun beim
Sehen des Gegenstandes, in welchem diese Qualitäten zusam-
menfallen, nebst der weissen Farbe zugleich die Qualität der
Süssigkeit erkennen (ἅμα γνωρίζομεν; — aber auch ἀνα-
γνωρίζομεν gibt einen guten Sinn), nicht durch die gegenwärtige Gesichtswahrnehmung als solche, sondern in Wahrheit
durch jene frühere Wahrnehmung, in welcher beide Qualitäten als Qualitäten desselben Gegenstandes zur Einheit verbunden waren; also durch die gegenwärtige Gesichtswahrnehmung nur insofern in accidenteller Weise, als sich
mit ihr die Erinnerung jener früheren Wahrnehmung verbindet. Wenn wir uns nicht so verhielten („εἰ δὲ μή, κτλ."), —
fügt Aristoteles zur vollen Klarstellung des beschriebenen Vorganges hinzu, — d. h. wenn wir nicht jene frühere Wahrnehmung, in der beide Qualitäten zur Einheit verbunden sind,
schon hätten, so würden wir beim Sehen eines weissen Gegenstandes nur in der Weise erkennen, dass dieser Gegenstand süss sei, wie wir bei dem Sehen eines Gegenstandes
zugleich erkennen, dass derselbe der Sohn des Kleon sei;
d. h. es würde sich mit der Wahrnehmung des weissen Gegenstandes die Auffassung einer solchen Bestimmung verbinden, die selbst nicht wahrnehmbar ist und nur auf andere
Weise erkannt werden kann; diese Bestimmung würde nur κατὰ
συμβεβηκός schlechthin wahrgenommen werden, eben weil sie an

sich gar nicht wahrnehmbar ist. So verhält sich aber die Qualität des Süssen nicht (dieses liegt in εἰ — ἦν mit dem Imperfectum), sondern sie ist eine an sich wahrnehmbare
Qualität und kann nur durch Wahrnehmung erkannt
werden." — Nach dieser Entwicklung des Obersatzes folgt der
Untersatz, den wir im Anschluss an die Form des Obersatzes
so ausdrücken: „Die Art und Weise, in welcher von den einzelnen Sinnen mit der Wahrnehmung ihrer eigenthümlichen
Objecte zugleich die gemeinsamen wahrgenommen werden, ist nicht die, in welcher etwa vom Gesichtssinn bei der
Wahrnehmung eines weissen Gegenstandes zugleich in der
beschriebenen accidentellen Weise (durch Vermittelung einer
früheren Wahrnehmung) die Qualität des Süssen in demselben Gegenstande erkannt wird, sondern — Worte des Aristoteles — wir haben schon (in den einzelnen Wahrnehmungen selbst) eine wirkliche allen Sinnen gemeinsame Wahrnehmung der gemeinsamen Objecte, die sich nicht erst in accidenteller Weise mit der einzelnen Wahrnehmung verbindet.
Also — so lautet der Schluss — gibt es für die gemeinsamen
Objecte kein besonderes Organ; denn (so wird in kurzer Wiederholung der Argumente hinzugefügt) sonst würden
wir sie in der Anfangs beschriebenen Weise wahrnehmen."
Die folgenden Worte: „τὸν Κλέωνος υἱὸν κτλ." (Z. 29) widersprechen durchaus dem Zusammenhange und sind sicher zu
streichen. —

Es muss nun noch erklärt werden, wie jene Wahrnehmung entsteht, in der beide Qualitäten zur Einheit
verbunden sind. Diese Erklärung wird in genereller Weise
in dem nun folgenden Satze (Z. 30 ff.) gegeben, mit diesen
Worten: „Jeder einzelne Sinn nimmt die specifischen Objecte
der übrigen nur in accidenteller Weise („κατὰ συμβεβηκός",
in dem oben zuerst angegebenen Sinne) wahr, d. h. er
nimmt sie nicht wahr, insofern er dieser von den übrigen specifisch verschiedene Sinn ist, sondern insofern alle nur ein Sinn sind (οὐχ ᾗ αὖταί, ἀλλ᾽ ᾗ μία).
Diese Wahrnehmung entsteht in der angegebenen Weise dann,
wenn bei demselben Gegenstande zugleich zwei verschiedenen
Sinnen eigenthümliche Qualitäten, z. B. bei der Galle zugleich

die Qualität der gelben Farbe und des bittern Geschmackes
wahrgenommen werden. Denn die Wahrnehmung, dass beide
ei n s sind (dem Subjecte nach), gehört nicht dem einen oder
andern Sinne, sondern sie gehört beiden an, insofern sie in
Wahrheit nur ein Sinn sind."

Daraus ist nun klar, dass Aristoteles keinem einzelnen
Sinne als solchem eine auch nur accidentelle Wahrnehmung
der eigenthümlichen Objecte der übrigen Sinne zuschreibt,
sondern ausdrücklich nur insofern, als er nicht ein einzelner,
sondern mit allen übrigen ein und derselbe Sinn ist,
der in ihm nur in besonderer Weise sich äussert. Zugleich
ist aber auf das bestimmteste ausgesprochen, dass alle Sinne
in Wahrheit nur ein Sinn sind, nämlich der Centralsinn,
der in den einzelnen Sinnen nur in verschiedener Weise sich
äussert, und dass dem Centralsinne namentlich auch die Function zukommt, die Vereinigung der durch verschiedene Sinne wahrgenommenen Qualitäten in einem
Objecte wahrzunehmen, oder die verschiedenen Wahrnehmungen zur Wahrnehmung eines Objectes zu vereinen.

Um nun zu den gemeinsamen Objecten, um die es sich
gegenwärtig handelt, zurückzukehren, so werden dieselben,
wie wir gesehen haben, direct von allen einzelnen Sinnen zugleich mit ihren eigenthümlichen Objecten wahrgenommen,
sie sind in ihren Organen zugleich mit diesen vorhanden,
und nur ihre gesonderte Auffassung gehört dem Centralsinne
an, der alle einzelnen Sinne in sich vereinigt und deshalb sowohl das bei allen Gemeinsame als das Verschiedene aufzufassen vermag.

Es bedarf jetzt nur noch eine Stelle des Aristoteles, einer
Erklärung. Kurz vor der vorhin besprochenen Stelle in der
Psychologie [1] wird von den gemeinsamen Objecten nach dem
überlieferten Texte gesagt, dass wir dieselbe wahrnehmen
„ἑκάστῃ αἰσθήσει — κατὰ συμβεβηκός", wo man des Sinnes wegen ‚οὐ‘ vor ‚κατὰ συμβεβηκός‘ erwarten sollte, welches auch von Torstrik eingeschoben wird. Die Erklärung
Baeumker's, die Wahrnehmung der gemeinsamen Objecte

---

[1] 425 a 13.

durch die einzelnen Sinne werde deshalb eine Wahrnehmung κατὰ σνμβεβηκὸς genannt, weil dieselben von den einzelnen Sinnen nicht gesondert für sich aufgefasst werden, ist
in jeder Weise unzulässig. Aus demselben Grunde müsste
ja auch die Wahrnehmung der eigenthümlichen Objecte
durch die einzelnen Sinne eine bloss accidentelle genannt
werden, weil ja auch diese von dem einzelnen Sinne nicht
gesondert von den gemeinsamen wahrgenommen werden. Was die Lesart der Stelle angeht, so halte ich die Ein-
schiebung der Negation sowohl in Rücksicht auf die ganze
folgende Darstellung als auch auf die Parallelstelle II, 6. 418
a 8 für durchaus angezeigt, um so mehr als auch die Moerbeka'sche Uebersetzung: *„quae unoquoque sensu sentimus non
secundum accidens"*, die Negation hat. Indess ist die Auslassung derselben auf den ganzen Sinn von gar keinem Ein-
flusse. Wird sie ausgelassen, so kann der Ausdruck, die gemeinsamen Objecte werden von den einzelnen Sinnen κατὰ
σνμβεβηκὸς wahrgenommen, nur im Gegensatze zu den eigenthümlichen Objecten verstanden werden, die allein an sich
und durch welche jene erst wahrgenommen werden.

Diejenigen Functionen, durch welche Aristoteles dis Nothwendigkeit eines Centralsinnes beweist, sind einerseits die
Vergleichung und Unterscheidung der von den Einzelsinnen
als solchen wahrgenommenen sinnliche Qualitäten, — wozu
auch, wie wir eben gesehen haben, die Vereinigung der von
den verschiedenen Sinnen wahrgenommenen Qualitäten zur
Wahrnehmung eines Objectes gehört, — andererseits die
Wahrnehmung der Acte des Wahrnehmens selbst oder das
sinnliche Bewusstsein. In Bezug auf die zuerst genannte
Function ist auch in speculativer Beziehung die Frage von
besonderem Interesse, in welcher Weise von Aristoteles die
Möglichkeit jener Vergleichung und Unterscheidung erklärt werde. Dieselbe soll deshalb genauer in Betracht gezogen werden.

Die Unterscheidung zweier verschiedenen Sinnen ange-
hörender Qualitäten, wie weiss und süss, sagt Aristoteles an
der Hauptstelle in der Psychologie III, 2, ist nur möglich
durch ein und dasselbe untheilbare Princip und in einem und

demselben untheilbaren Zeitmomente, d. h. in der Weise, dass
das ein e Princip beide Qualitäten absolut zugleich wahrnimmt [1]). Die Möglichkeit der Unterscheidung zweier verschiedener Qualitäten ist also abhängig von zwei Bedingungen, von der Einheit des unterscheidenden Princips und von
der absolut gleichzeitigen Wahrnehmung beider Qualitäten durch jenes eine Princip. Aber hier erhebt sich ihm
sofort das wichtige Problem, wie ein und dasselbe untheilbare Princip, insofern es eben eins und untheilbar, nicht
aber theilbar oder aus Theilen zusammengesetzt ist, in demselben Zeitmomente — denn ein Nacheinander würde keine
Schwierigkeiten haben — verschiedene Qualitäten in sich aufnehmen und unterscheiden kann.

Ehe wir zu der Lösung dieses Problems bei Aristoteles
übergehen, muss zum Verständniss seiner ganzen Darstellung
eine Erörterung über die gleichzeitige Wahrnehmung entgegengesetzter Qualitäten eingeschaltet werden. Die Frage,
um welche es sich zunächst handelt und von der die ganze
Untersuchung ausgeht, ist die, wie die Unterscheidung der
von verschiedenen Sinnen wahrgenommenen, also verschiedenen Gattungen angehörenden oder heterogenen Qualitäten möglich sei. Allein dieselbe Frage ist auch aufzuwerfen
in Bezug auf die von demselben Sinne wahrgenommenen,
derselben Gattung angehörenden entgegengesetzten Qualitäten, wie weiss und schwarz, süss und bitter. Diese Frage
wird auch von Aristoteles jedesmal, wenn er die obige Haupt-
frage principiell behandelt, berührt, zunächst an der uns vorliegenden Hauptstelle im 2. Kapitel des 3. Buches der Psychologie, dann im 7. Kapitel desselben Buches, endlich im
7. Kapitel der Abhandlung über die Wahrnehmung und das
Wahrnehmbare, wie wir noch sehen werden; aber er bringt
sie eigentlich nirgends gesondert zur Lösung, deshalb, weil
er sie, und zwar mit Recht, in der Lösung der ersten Haupt-
frage für mitgelöst hält. An der ersten der beiden zuletzt
genannten Stellen behauptet er, dass in Bezug auf den Modus
der gleichzeitihen Wahrnehmung und Unterscheidung beider

---

[1]) An. III, 2. 426 b 17—29.

Arten von Qualitäten kein wesentlicher Unterschied statt-
finde [1]). An der zweiten dagegen behauptet er, dass die
gleichzeitige Wahrnehmung der derselben Gattung angehörenden entgegengesetzten Qualitäten deshalb, weil sie durch denselben Sinn wahrgenommen werden, leichter sei als die der
heterogenen von verschiedenen Sinnen wahrgenommenen [2]);
und nachdem er mehrere Aporien aufgestellt hat, nach denen
die gleichzeitige Wahrnehmung entgegengesetzter Qualitäten
unmöglich erscheinen kann, ohne sie zu lösen, sucht er nur
zu zeigen, wie die gleichzeitige Wahrnehmung heterogener
Qualitäten möglich sei [3]), in der stillschweigenden Voraussetzung,
dass damit auch die Frage in Bezug auf die entgegengesetzten gelöst sei. Dasselbe geschieht an der uns vorliegenden Hauptstelle. Auch hier behandelt er die Frage in
Bezug auf die verschiedenen Qualitäten überhaupt; die aufgestellte Lösung soll gelten und gilt gleichmässig sowohl in
Bezug auf die heterogenen als in Bezug auf die entgegengesetzten Qualitäten. Aristoteles deutet dieses gleich Anfangs
bei der Aufstellung des Problems an. Nachdem er nämlich
in Bezug auf die durch verschiedene Sinne wahrgenommenen
Qualitäten bewiesen hat, dass ihre Unterscheidung nur möglich
sei durch ein und dasselbe untheilbare Princip und in demselben
untheilbaren Zeitmomente, stellt er das genannte Problem sofort auch mit Rücksicht auf die entgegengesetzten Qualitäten
auf, indem er sagt: „Aber dasselbe Princip kann, insofern
es eins und untheilbar ist, nicht in einem untheilbaren

---

[1]) An. III, 7. 431 a 24.

[2]) Sens. 7. 449a 2. In den Worten: „εἰ δὲ τούτων ἐν ἑνὶ καὶ
ἀτόμῳ αἰσθάνεται, δῆλον ὅτι καὶ τῶν ἄλλων'" wo das ‚τούτων' sich nothwendig auf die homogenen, demselben Sinne angehörenden Qualitäten
bezieht, muss nach ‚τούτων' und vor ‚ἐν ἑνὶ' trotz des Widerspruchs aller
Handschriften ‚μὴ' gelesen werden. Dies wird nicht nur von dem Sinne
gefordert, sondern es geht auch hervor aus dem Imperfectum ‚ἐνεδέχετο',
Z. 4, durch welches auf 448a 13—18. namentlich auf 18—19 verwiesen
wird; hier aber steht die vom Sinne geforderte Negation. Wird das ‚μὴ'
eingeschoben, so müsste eigentlich auch in dem Nachsatze: „δῆλον, ὅτι
καὶ τῶν ἄλλων" statt ‚καὶ' ‚οὐδὲ' gelesen werden; indess ist dieses nicht
unbedingt nothwendig, und vielleicht hat das ungewöhnliche ‚καὶ' die Veranlassung zur Auslassung des nothwendigen ‚μὴ' gegeben.

[3]) Das. 449a 13 ff.

Zeitmomente entgegengesetzte Bewegungen in sich aufnehmen; — dieses müsste aber (so haben wir den Gedanken
zu ergänzen) unter der genannten Voraussetzung der Fall
sein, — denn süss und bitter erregen das wahrnehmende
Princip (den Sinn) in entgegengesetzter Weise (ἐναντίως),
süss und weiss in verschiedener Weise (ἑτέρως)" [1].
Ich werde daher in dem Folgenden da, wo beide Arten von
Qualitäten zugleich gemeint sind, den allgemeinen Ausdruck
‚verschiedene Qualitäten' gebrauchen.

Was nun das genannte Problem selbst angeht, so stellt
Aristoteles als Lösung desselben, zwar zunächst in fragender
Form, aber nichts desto weniger mit voller Ueberzeugung,
diesen allgemeinen Satz auf: „Das unterscheidende Princip als unterscheidendes (τὸ κρῖνον) ist der Zahl oder
dem Subjecte nach gleichzeitig (ἅμα) und eins und
untheilbar, seinem Sein, d. h. seinen Qualitäten oder
Vermögen nach aber in sich unterschieden oder
vieles. Insofern es seinen Qualitäten oder Vermögen nach ein Vieles ist, nimmt es verschiedene
Qualitäten wahr; insofern es aber der Zahl nach
eins und untheilbar ist, nimmt es die verschiedenen Qualitäten zugleich — in einem untheilbaren
Wahrnehmungsacte — wahr" [2]. In der Behauptung, das
unterscheidende Princip sei der Zahl nach gleichzeitig und
ein untheilbares Eins, hat der Ausdruck, jenes Princip sei der
Zahl nach gleichzeitig oder zugleich, etwas Hartes. Er
verdankt seinen Ursprung dem Streben, die einzelnen Momente des Problems in der prägnantesten Kürze zusammen-
zufassen. Die nothwendigen Bedingungen für die Unterscheidung zweier verschiedener Qualitäten sind die numerische
Einheit des unterscheidenden Princips und die absolute Gleichzeitigkeit der Wahrnehmung der beiden Qualitäten durch
dieses Princip. Das unterscheidende Princip als die Qualität
A wahrnehmend muss absolut gleichzeitig se'n mit sich selbst
als die Qualität B wahrnehmend, d. h. es muss beide Qua-

---

[1] 426 b 29 ff.
[2] An. III, 2. 427 a 2—5.

litäten in einem und demselben numerisch untheilbaren Acte wahrnehmen. Um den Ausdruck als Ausdruck
zu verstehen, hat man nur zu erwägen, dass die Qualitäten
A und B auch von zwei numerisch verschiedenen Subjecten
in einem und demselben Zeitmomente wahrgenommen werden
können, dass aber zur Unterscheidung dieser Qualitäten nicht
die Gleichzeitigkeit ihrer Wahrnehmung in numerisch verschiedenen, sondern in einem und demselben Subjecte erforderlich ist. Dadurch wird der Ausdruck, das unterscheidende Princip sei der Zahl nach zugleich oder gleichzeitig und eins und untheilbar wohl verständlich. Die weitere
sachliche Erklärung wird unten gegeben werden.

In Rücksicht auf die Stelle, welche der oben gegebenen
Uebersetzung zu Grunde liegt, sind noch zwei Bemerkungen
zu machen. Torstrik ist der Ansicht, dass die beiden Theile
des Satzes zwei verschiedene Recensionen darstellen, weil der
zweite Theil dem Sinne nach von dem ersten nicht verschieden sei. Dieses beruht aber nach meiner Ueberzeugung auf
einem Missverständnisse. Der zweite Theil ist vielmehr eine
unerlässliche Erläuterung des ersten; denn er zeigt, in welcher Weise der im ersten Theile ausgesprochene Satz, das
unterscheidende Princip sei zugleich eins und vieles, die
Lösung des Problems enthalte, d. h. wie er einerseits die
Wahrnehmung verschiedener Qualitäten, anderseits die
geforderte gleichzeitige Wahrnehmung und die Unterscheidung derselben begreiflich mache. Die noch hinzuge-
fügten Worte: „τῷ εἶναι μὲν γὰρ κτλ" [1]) sind ein zwar nicht
nothwendiger, aber auch nicht störender Zusatz, durch welchen das im ersten Theile des Satzes Gesagte ins Gedächtniss zurückgerufen wird. Ganz dasselbe gilt von der unten
folgenden erklärenden Parallelstelle [2]), von der Torstrik ebenfalls meint, sie sei aus der Combination von zwei Recensionen
entstanden. Durch diese Parallelstelle wird auch die oben
gegebene etwas freiere Uebersetzung gerechtfertigt. — An
zweiter Stelle erwähne ich noch, dass der Ausdruck, das

---

[1]) Das. 427a 4—5.
[2]) Das. 427a 11—15.

unterscheidende Princip sei zugleich ‚ἀδιαίρετον‘ und ‚διαιρετόν‘, wiedergegeben ist durch den äquivalenten Ausdruck, es sei zugleich ‚eins und vieles‘; einmal, weil das vorliegende Problem im Grunde kein anderes ist als das vielbesprochene, wie ein Eins, ohne aufzuhören, eins zu sein, zugleich vieles, und wie ein Vieles, ohne aufzuhören, vieles zu sein, zugleich eins sein könne: dann weil dadurch die Nothwendigkeit vermieden wird, die beiden griechischen Wörter bald mit un-theilbar und theilbar, bald mit ungetheilt und getheilt zu übersetzen.

Der ausgesprochene allgemeine Satz bildet die eigentliche Grundlage für die Lösung des vorliegenden Problems. Wenn Baeumker (S. 69 u. 72) meint, diese Lösung sei hier unzutreffend und werde von Aristoteles selbst zwar „nicht geradezu umgeworfen, aber doch wesentlich modificirt", so kann ich dieses nicht als richtig zugeben. Dieselbe wird vielmehr als die einzig mögliche ihrer ganzen Bedeutung nach aufrecht erhalten und nur der besonderen Natur des wahrnehmenden Princips gemäss näher bestimmt. Auch jedes concrete Ding ist der Zahl oder dem Subjecte nach eins, seinem Sein nach aber vieles, weil es zugleich mehrere verschiedene Qualitäten in sich hat. In Bezug auf das wahrnehmende Princip aber muss gezeigt werden, dass es als wahrnehmendes der Zahl nach eins und seinem Sein oder seinen Vermögen nach vieles ist, d. h., dass es in einem und demselben untheilbaren Wahrnehmungsacte zugleich mehrere verschiedene Qualitäten wahrnimmt.

Ehe Aristoteles zu dieser näheren Bestimmung übergeht, macht er sich in Bezug auf den aufgestellten Satz den Einwurf, im Zustande der blossen Potenz habe zwar dasselbe Subject zugleich die Fähigkeit, entgegengesetzte Bestimmungen in sich aufzunehmen; in der Wirklichkeit aber höre diese gleichzeitige Möglichkeit auf und es trete die Nothwendigkeit des einen oder des andern Gliedes ein: dasselbe Subject könne daher nicht zugleich weiss und schwarz sein, folglich auch nicht die entsprechenden Formen erleiden [1]. —

---

[1] An. III, 2. 427 a 6—9.

Dieses ist der Sinn des Bekker'schen Textes, der indess wegen der bedeutend abweichenden Lesart bei Torstrik kurz in Betracht gezogen werden muss.

Bei Bekker heisst der durch die besten Handschriften bezeugte Text: „δυνάμει μὲν γὰρ τὸ αὐτὸ καὶ ἀδιαίρετον τἀναντία, τῷ δ'εἶναι οὔ, ἀλλὰ τῷ ἐνεργεῖσθαι διαιρετόν." Torstrik schreibt dagegen, ebenfalls auf Grund guter Handschriften: „δυνάμει μὲν γὰρ τὸ αὐτὸ διαιρετὸν καὶ ἀδιαίρετον, τῷ δ' εἶναι κτλ." Ich halte die Bekker'sche Lesart für die allein zulässige, aus folgenden Gründen. Wenn wir von der Lesung Torstrik's ausgehen, so ist der Sinn dieser: Im Zustande der blossen Potenz gedacht hat derselbe Gegenstand zugleich die Fähigkeit, eins und vieles, ungetheilt und getheilt zu sein. Das ist der Sache nach vollkommen richtig; der Potenz nach hat dieselbe Linie zugleich die Fähigkeit, ungetheilt und getheilt zu sein, und das wahrnehmende Princip zugleich die Fähigkeit, der Wahrnehmung nach eins und vieles zu sein, d. h. sich in der Wahrnehmung einer Qualität und mehrerer verschiedener Qualitäten zu bethätigen. Aber es heisst nun weiter: Im Zustand der Wirklichkeit aber ist es (das Subject) getheilt. Dieses ist aber unrichtig; denn die wirkliche Linie ist nicht nothwendig getheilt, sondern entweder getheilt oder ungetheilt, und das wirklich wahrnehmende Princip nimmt nicht nothwendig mehrere Qualitäten wahr, sondern entweder eine oder mehrere. Der Sinn könnte also nur der sein, dass in der Wirklichkeit jene zweifache Möglichkeit des potentiellen Zustandes in ein ‚Entweder — oder' getheilt sei; und dann würde es jeden Falls sehr auffallend sein, dass das Wort ‚διαιρετόν' unmittelbar nach einander in einem so verschiedenen Sinne gebraucht wird. Wichtiger aber ist ein anderes Moment. Wir haben oben gesehen, dass Aristoteles bei der Frage nach der gleichzeitigen Wahrnehmung verschiedener Qualitäten zugleich die heterogenen und die entgegengesetzten Qualitäten im Auge hat. Der gegenwärtige Einwurf gegen die aufgestellte Lösung ist von den entgegengesetzten Qualitäten hergenommen, wie aus dem Satze, dass derselbe Gegenstand nicht zugleich weiss und schwarz sein könne, hervorgeht, und würde ausserdem von den heterogenen Qualitäten, die ja in demselben Gegenstande vereinigt sein können, nicht gelten. Wenn sich dieses aber so verhält, so kann nur die Bekker'sche Lesart die richtige sein, deren Sinn wir oben wiedergegeben haben.

Allein Aristoteles macht sofort in Bezug auf die Gültigkeit des erhobenen Einwurfs einen Vorbehalt mit den Worten: „wenn anders die Wahrnehmung dieser Art — d. h. ein blosses Erleiden der sinnlichen Formen — ist." Mit diesem Vorbehalte aber beseitigt er unmittelbar den Einwurf selbst; denn die Wahrnehmung ist nach seiner Ansicht nicht ein blosses Erleiden der sinnlichen Formen, sondern vielmehr eine Energie, eine Bethätigung des wahrnehmenden Princips als solchen, welche in ihm nur in Folge eines Leidens, einer Affection seines materiellen Organes oder Substrates hervortritt. „Was ist", fragt Aristoteles in einer Stelle der Psychologie [1]), „das Riechen Anderes als ein Erleiden?" — und antwortet: „das Riechen ist ausser dem Erleiden der Geruchsqualität auch das Wahrnehmen derselben, während die Luft, das Midium dieser Qualität, dieselbe bloss erleidet und dadurch riechbar wird." Ein Object, welches eine sinnliche Qualität nur einfach erleidet, nimmt dieselbe in sich auf als eine Bestimmung seines eigenen Seins, wird durch dieselbe in seinem Sein real verändert; das Organ oder Substrat des wahrnehmenden Princips dagegen nimmt bei der Affection von Seiten einer sinnlichen Qualität dieselbe nicht als eine Bestimmung seines eigenen Seins in sich auf, sondern nimmt sie in sich auf *σωζόμενον*, also in der Weise, dass es sich der Affection gegenüber ohne alle Veränderung in seinem Sein erhält, ihr gegenüber in reiner Potenzialität verharrt [2]).

Man könnte glauben, dass das nach dem erwähnten Vorbehalte: „wenn anders die Wahrnehmung ein blosses Erleiden ist", folgende *ἀλλὰ ὥσπερ* [3]) die Abweisung der hypothetischen Voraussetzung einschliesse und dass vor demselben zu

---

[1]) An. II, 12. 424b 16.
[2]) Vgl. An. II, 10. 422b 3—5.
[3]) An. III, 2. 427a 9.

ergänzen sei: „aber sie — die Wahrnehmung — ist nicht
dieser Art, sondern verhält sich wie — u. s. w." Allein die
nun folgende Darstellung enthält durchaus keine Erläuterung
darüber, wie sich die Wahrnehmung im Gegensatze zum
blossen Erleiden der sinnlichen Formen verhalte; und demnach bezeichnet das ‚ἀλλά’ nur den Uebergang zu einem andern Gegenstande, und zwar speciell den Uebergang oder
vielmehr die Rückkehr zu dem Gedanken, welcher durch den
nunmehr abgewiesenen Einwurf unterbrochen war.

So geht Aristoteles nun über zu der oben geforderten
näheren Bestimmung des Satzes, dass das unterscheidende
Princip der Zahl nach eins, seinem Sein nach aber vieles sei,
durch welchen die gleichzeitige Wahrnehmung und Unterscheidung verschiedener Qualitäten erklärt werden soll. Die
geniale und scharfsinnige Darstellung ist diese [1]): „Wie dasjenige, was Einige einen Punkt nennen (ἥν καλοῦσί
τινες στιγμήν) insofern sowohl untheilbar als theilbar, sowohl eins als vieles ist, als es als derselbe
Punkt zugleich eins und zwei ist, so ist auch das unterscheidende Princip insofern sowohl untheilbar als theilbar,
als es als ein und dasselbe zugleich eins und zwei sein kann
(der Satz: „so ist u. s. w." ist als zweites Glied der Vergleichung der Deutlichkeit wegen hinzuzudenken). Insofern nämlich das unterscheidende Princip untheilbar ist, ist es (wie jener Punkt) eins und gleichzeitig (ἅμα, — nämlich in Bezug auf die Wahrnehmung der zu
unterscheidenden Qualitäten), insofern es aber theilbar
ist, gebraucht es denselben Punkt — d. h. sich
selbst als das eine untheilbare Princip — zugleich zweimal
(ist also, wie jener Punkt trotz seiner Einheit zugleich zwei).
Insofern nun (so heisst es weiter in Anwendung des eben
ausgesprochenen Satzes zur Erklärung der gleichzeitigen Wahrnehmung verschiedener Qualitäten) das unterscheidende
Princip denselben Punkt — d. h. sich selbst — als
zwei braucht, unterscheidet es zwei und geschie-
dene (sc. Qualitäten) durch ein in sich gleichsam Ge-

---

[1]) Das. 427 a 10—15.

schiedenes; insofern es aber eins ist, unterscheidet es dieselben durch ein Eins und zugleich".

Wie sich aus der Uebersetzung ergibt, lese ich die betreffende Stelle, soweit sie sich auf das wahrnehmende Princip
bezieht, in folgender Weise: „ᾗ μὲν οὖν ἀδιαίρετον, ἓν τὸ κρῖ-
νόν ἐστι καὶ ἅμα, ᾗ δὲ διαιρετὸν ὑπάρχει, δὶς τῷ αὐτῷ χρῆται
σημείῳ ἅμα. [Torstrik liest: „— ὑπάρχει, οὐχ ἕν· δὶς γὰρ τῷ
κτλ." Allein ‚οὐχ ἕν‘ ist unzweifelhaft ein Glossem, welches das
‚γάρ‘ hinter ‚δὶς‘ nach sich gezogen hat. Die Glieder: ‚ἓν τὸ
κρῖνον‘ und ‚δὶς τῷ αὐτῷ χρῆται σημείῳ ἅμα‘ entsprechen den
im vorigen Satze von dem sogenannten Punkte (στιγμῇ) gebrauchten Ausdrücken, dass er ‚μία καὶ δύο‘ sei; diese vom
Gedanken geforderte Correspondenz wird durch jene Einschie-
bung vollständig gestört.] ᾗ μὲν οὖν (ὡς) δυσὶ χρῆται τῷ πέρατι,
δύο κρίνει καὶ κεχωρισμένα ἔστιν ὡς κεχωρισμένῳ· [so mit
Torstrik nach der trefflichen Conjectur von Trendelenburg,
aber ohne Komma vor καί; das ‚κεχωρισμένῳ‘ entspricht dem
gleich folgenden ‚ἑνί‘.] ᾗ δ' ἕν, ἑνὶ καὶ ἅμα." Die Richtigkeit
dieser Lesung wird durch die in die Augen springende innere
Gliederung des Gedankens verbürgt. Die einzelnen Momente
des Gedankens bedürfen dagegen der Erläuterung.

Zuerst kommt nothwendig die Frage in Betracht, was
dasjenige sein solle, „was Einige einen Punkt nennen (ἥν καλοῦσί τινες στιγμήν)", weil an eine gewisse Eigenthümlichkeit
desselben alles Uebrige angeknüpft wird. Aristoteles versteht
darunter die innerhalb eines Continuums, speciell
innerhalb einer continuirlichen Linie, sowohl einer
Raumlinie als der Zeitlinie, irgend wo gesetzte
Grenze. Dass die innerhalb eines Continuums gesetzte Grenze,
an deren beiden Seiten dasselbe stetig fortläuft, gemeint sei,
geht aus der Anwendung des Bildes hervor. Speciell darunter die in der continuirlichen Zeitlinie irgendwo gesetzte
Grenze, also das Jetzt (νῦν) zu verstehen, dafür liegt nach
meiner Ansicht nicht der mindeste Grund vor. Nur dann,
wenn man mit Brentano, der diese Erklärung zuerst aufgestellt hat, unter dem Zugleich der zu unterscheidenden
Wahrnehmungen den Augenblick ihres Wechsels ver-

steht, in welchem ihre Verschiedenheit erkannt werde [1]), ist
dieselbe wenigstens sachlich verwerthbar. Diese Meinung ist
aber mit der Behauptung des Aristoteles nicht vereinbar.
Aristoteles verlangt, und zwar mit vollem Recht, für die Möglichkeit der Unterscheidung zweier Wahrnehmungen die wirklich gleichzeitige Gegenwart derselben in dem wahrnehmenden Princip; in dem Augenblicke des Wechsels ist aber,
und zwar nach der Aristotelischen Ansicht vom Wechsel
selbst, weder die eine noch die andere in demselben gegenwärtig; in diesem Augenblicke ist also gar keine Wahrnehmung, folglich auch keine Unterscheidung möglich. — Der
auf den ersten Blick sonderbare Ausdruck: „Dasjenige, was
Einige einen Punkt nennen," wird nicht weniger sonderbar,
wenn man annimmt, es sei damit das νῦν gemeint, und man
fragt sich, warum nicht dieses Wort selbst gebraucht sei.
Dagegen verliert derselbe wohl seine Sonderbarkeit bei der
Annahme, dass er die allgemeine, noch nicht in den allgemeinen Gebrauch übergegangene, Bezeichnung für die innerhalb eines Continuums, speciell innerhalb einer continuirlichen
Linie, sowohl der Raum- als der Zeitlinie, gesetzte Grenze
sein solle. Uebrigens wird das Wort ‚στιγμή‘ im Verlaufe der
Darstellung auch von Aristoteles selbst durch die Ausdrücke
‚σημεῖον, πέρας, ὅρος‘, niemals aber durch ‚νῦν‘ ersetzt.

Die zweite Frage ist die, worin die hier gemeinte Eigenthümlichkeit der genannten Grenze und die Aehnlichkeit des
unterscheidenden Princips mit derselben bestehe. — Die innerhalb einer continuirlichen Linie irgendwo gesetzte Grenze ist
für sich ein untheilbarer Punkt, ein absolutes Eins; aber bei
dieser absoluten Einheit hat derselbe, insofern er als das
Ende des einen und der Anfang des andern Abschnittes der
Linie betrachtet wird, die Function von zwei Punkten, er ist,
ohne aufzuhören, ein absolutes ungetheiltes Eins zu sein, doch
wegen der Zweiheit seiner Beziehung zugleich
zwei. Ein ähnliches Verhältniss findet bei dem unterscheidenden Princip Statt, insofern es unterscheidend ist und als
solches zugleich zwei verschiedene Qualitäten wahrnimmt.

---

[1]) Psychologie des Aristoteles S. 91 u. 92.

Das unterscheidende Princip als solches ist, wie jener Punkt, nothwendig der Zahl nach eins und untheilbar, ist ein numerisches Eins. Um zwei verschiedene Qualitäten zu unterscheiden, kann es sich dem Subjecte nach nicht etwa theilen und mit dem einen Theile diese, mit dem andern die andere Qualität wahrnehmen [1]), sondern es muss jede von ihnen als dasselbe numerische Eins, d. h. mit seiner ganzen untheilbaren Substanz wahrnehmen. Allein das unterscheidende Princip muss jede der beiden Qualitäten auch zugleich, d. h. in einem und demselben Zeitmomente mit seiner ganzen untheilbaren Substanz wahrnehmen. Es muss beide zugleich wahrnehmen; denn in der Unterscheidung der Qualitäten A und B wird gleichzeitig und in demselben Acte A von B und B von A unterschieden; beide werden also absolut gleichzeitig gewusst [2]). Es muss aber auch jede derselben in demselben Zeitmomente mit seiner ganzen ungetheilten Substanz wahrnehmen. Denn wenn es beide zwar gleichzeitig aber mit verschiedenen Theilen seiner selbst wahrnähme, so wäre diese Gleichzeitigkeit der Wahrnehmung nicht in einem und demselben Subjecte, sie wäre, um in Aristotelischer Weise zu sprechen, nicht eine numerische Gleichzeitigkeit, die zur Unterscheidung erforderlich ist. Damit ist auch der schon früher besprochene Ausdruck, das unterscheidende Princip müsse der Zahl nach eins und der Zahl nach gleichzeitig sein (ἐν καὶ ἅμα ἀριθμῷ) erklärt. Kurz also, das unterscheidende Princip muss ein numerisches Eins sein und die beiden zu unterscheidenden Qualitäten in einem einzigen, numerisch — d. h. dem Subjecte und der Zeit nach [3]) — unheilbaren Wahrnehmungsacte wahrnehmen.

Das hier Gesagte ist nicht bloss aus der unserer Betrachtung vorliegenden Stelle, die in der kürzesten Nebeneinanderstellung, wie das ganze dritte Buch der Psycho-

---

[1]) An. III. 2. 426 b 17; Sens. 7. 448 b 20.
[2]) An. III, 2. 426 b 23—29.
[3]) Vergl. Phys. V, 4. 227 b 20 fl.

logie, eine Fülle der eingreifendsten Gedanken enthält, entwickelt worden, sondern es wird auch von Aristoteles selbst
an einer andern Stelle, im 7. Kapitel der Abhandlung über
die Wahrnehmung und das Wahrnehmbare [1]), ausdrücklich
bewiesen. Es ist an dieser Stelle nicht ausdrücklich von der
Unterscheidung verschiedener Qualitäten, sondern nur von
der gleichzeitigen Wahrnehmung derselben durch dasselbe wahrnehmende Subject die Rede, die aber die Unterscheidung einschliesst. Die gleichzeitige Wahrnehmung zweier
verschiedener Qualitäten, sagt hier Aristoteles, kann nicht in
der Weise geschehen, dass die Seele mit einem Theile die
eine, mit einem andern die andere Qualität wahrnimmt.
Denn aus diesen beiden Theilen würde nie ein Eins werden, das wahrnehmende Princip ist aber eines (ἕν τι). Es
muss also ein einziges untheilbares Princip sein (ἕν τι
τῆς ψυχῆς), mit dem die Seele alle Qualitäten wahrnimmt,
und zwar die verschiedenen Gattungen durch verschiedene
Organe, oder — wie es ohne Aenderung des Sinnes auch
heissen kann — durch verschiedene Potenzen. Wird aber
behauptet, dass die Seele bei der gleichzeitigen Wahrnehmung zweier verschiedener Qualitäten nicht die eine mit
diesem, die andere mit einem andern Theile, sondern beide
mit einem und demselben Principe wahrnehme, so ist
damit ausgesprochen, dass sie jede derselben mit diesem
Principe (Organe, Subjecte) als einem Ganzen, als
einem numerischen Eins in demselben untheilbaren Zeitmomente, also in einem einzigen numerisch
untheilbaren Wahrnehmungsacte wahrnehme. Wenn wir
speciell das erste Organ oder Substrat der Seele (denn beide
werden sich der Sache nach als identisch erweisen) in's Auge
fassen, so verhält sich dasselbe so, dass es jede der beiden Qualitäten zugleich seiner ganzen Substanz nach in sich
aufnimmt.

Aber weiter! Das unterscheidende Princip, welches der
Zahl nach eins und untheilbar ist, muss, um verschiedene
Qualitäten wahrnehmen zu können, seinem Sein, d. h.

---

[1]) 449a 5 ff.

seinen Vermögen oder Sinnen nach in sich verschieden oder vieles sein; denn nur bei einer solchen Verschiedenheit seiner Vermögen oder Sinne kann es verschiedene Qualitäten, z. B. die des Weissen und Süssen, wahrnehmen. Weil es aber ein numerisches Eins und als solches die Einheit seiner verschiedenen Vermögen oder Sinne ist, nimmt es jede der beiden Qualitäten zugleich mit seiner ganzen Substanz wahr, es setzt oder gebraucht also sich selbst als dasselbe Eins zugleich zweimal, hat als ein und dasselbe Eins zugleich die Function von zweien, wie jener eine und selbige Punkt als Ende des einen und als Anfang des andern Abschnittes der Linie zugleich die Function von zweien hat.

In diesen Sätzen ist die Erklärung, in welcher Weise die Unterscheidung zweier verschiedener Qualitäten möglich sei, enthalten; man braucht dieselben nur in umgekehrter Ordnung anzuwenden. Insofern das unterscheidende Princip bei der gleichzeitigen Wahrnehmung zweier verschiedener Qualitäten sich selbst als dasselbe Eins zweimal setzt, sich als dasselbe Eins zweimal bethätigt, sich also innerlich nicht dem Subjecte nach, sondern seinem Sein oder seiner Function nach gleichsam theilt, nimmt es zwei verschiedene Qualitäten durch sich selbst als ein gleichsam verschiedenes und getheiltes Princip wahr. Insofern es aber — trotz jener innern Theilung — ein numerisches Eins ist, nimmt es beide durch sich selbst als ein und dasselbe untheilbare Princip und in demselselben Momente, d. h. in einem einzigen numerisch untheilbaren Wahrnehmungsacte wahr. — Kurz, wie der in einer continuirlichen Linie gesetzte Punkt bei der zweifachen Function, die ihm als dem Ende des einen und dem Anfange des andern Abschnittes zukommt, nur ein Punkt ist, der als ein und derselbe jene beiden Beziehungen in sich vereinigt, so ist auch das unterscheidende Princip bei der zweifachen Function, die es in der gleichzeitigen Wahrnehmung zweier verschiedener Qualitäten als das wahrnehmende Princip sowohl der einen als der andern hat, nur eines der Zahl oder dem Subjecte nach, welches sich als

4

ein und dasselbe zugleich in jenen beiden Functionen
äussert. Ein solches Verhalten des unterscheidenden Princips
ist aber unmittelbar die Unterscheidung selbst.

Die Unterscheidung zweier Qualitäten beruht also nach
der Lehre des Aristoteles darauf, dass das wahrnehmende
Princip der Zahl oder dem Subjecte nach eins, seinen Qualitäten oder Vermögen nach aber vieles ist und dass es die
Fähigkeit hat, sich als numerisches Eins zugleich nach
zwei verschiedenen Vermögen zu bethätigen, d. h. in einem
einzigen numerisch untheilbaren Wahrnehmungsacte zwei verschiedene Qualitäten wahrzunehmen. Das erste Moment, die
numerische Einheit des wahrnehmenden Princips und die
Mehrheit seiner Vermögen, ist die Voraussetzung und
Grundlage, also das wichtigste. Dieses Princip ist der Centralsinn als die Einheit der Einzelsinne. Weil jenes
erste Moment für die Erklärung der Unterscheidung die Grundlage bildet, so wird es von Aristoteles an den übrigen Stellen, wo er absichtlich denselben Gegensand behandelt, allein
angeführt, indem er behauptet, dass die gleichzeitige Wahrnehmung und Unterscheidung verschiedener Qualitäten geschehe
und nur geschehen könne durch ein Princip, welches
der Zahl nach eins, seinem Sein, d. h. seinen Bestimmungen oder Vermögen nach aber vieles sei.
Die Möglichkeit eines solchen Princips selbst weist er durch
das analoge Verhältniss bei den concreten wirklichen Dingen
nach. Im 7. Kapitel der Abhandlung über die Wahrnehmung
und das Wahrnehmbare [1]), in welchem principiell von der
gleichzeitigen Wahrnehmung verschiedener Qualitäten
gehandelt wird, sagt er dem Sinne nach; „Wie in der Wirklichkeit ein Ding, welches der Zahl nach eins ist, zugleich mehrere ihrem Wesen nach durchaus verschiedene Qualitäten in
sich hat, so ist auch in Bezug auf die Seele anzunehmen,
dass das Princip, welches Alles wahrnimmt (τὸ αἰσϑητικὸν
πάντων) der Zahl nach eins, seinem Sein, d. h.
seinen Bestimmungen oder Vermögen nach aber in
sich verschieden oder vieles sei, in der Weise, dass

---

[1]) 449 a 13—20.

diese seine Vermögen sich theils der Gattung nach (die fünf
Sinnesvermögen), theils der Art nach (die Differenzen der
einzelnen Sinnesvermögen in Bezug auf die entgegengesetzten
Qualitäten) von einander unterscheiden. Dieses eine Princip
wird nun auch durch die Verschiedenheit seiner Vermögen verschiedene Qualitäten, durch seine numerische Einheit diese verschiedenen Qualitäten zugleich
wahrnehmen."

In ganz gleicher Weise und nur mit einer genaueren
Auseinandersetzung der einzelnen Momente wird die Sache
dargestellt im 7. Kapitel des 3. Buches der Psychologie[1]),
wo Aristoteles ebenfalls absichtlich die Frage nach dem unterscheidenden Princip aufstellt. Nur leidet die betreffende
Stelle gerade in Bezug auf den Theil[2]), der für das Verständniss besonders wichtig scheint, von Alters her an einer
grossen, schwer oder gar nicht zu beseitigenden Unklarheit
und Unsicherheit des Textes; und diese ist es wohl, die
Manche zu einer Auffassung der Stelle geführt hat, welche
der Absicht des Aristoteles durchaus fern zu liegen scheint.
Vor einer genaueren Besprechung des angeregten Punktes
scheint es zweckmässig, den allgemeinen Inhalt der Stelle, wie
er dem ganzen Zusammenhange nach gefasst werden muss,
kurz darzulegen. — Der Hauptgedanke, den Aristoteles entwickeln will, ist dieser, dass die Unterscheidung verschiedener
Qualitäten geschehe durch ein Princip, welches der Zahl
nach eins, seinen Bestimmungen oder Vermögen nach aber
vieles sei. Die numerische Einheit des unterscheidenden Princips bei der Vielheit seiner Bestimmungen macht er auch
hier klar durch das analoge Verhältniss bei den Objecten
mit mehreren Qualitäten; aber er spricht dieses analoge Verhältniss nicht bloss im Allgemeinen aus, wie in der vorhin
behandelten Stelle, sondern er zeigt es im Einzelnen, indem
er in einzelnen Beispielen das unterscheidende Princip im
Acte der Unterscheidung selbst unmittelbar der Anschauung
vorführt. Er spricht demnach den angegebenen Gedanken

---

[1]) 421a 17—b2.
[2]) 431a 22—23.

in concreterer Form so aus: „Wenn das unterscheidende Princip (im Acte der Unterscheidung) zugleich die Wahrnehmungen der Qualitäten A und B in sich hat, so verhält es sich so wie ein Object, welches diese beiden Qualitäten selbst zugleich in sich hat; es ist eins der Zahl nach, aber vieles seinem Sein oder seinen Bestimmungen nach" [1]). Insbesondere ist noch zu bemerken, dass er dieses zuerst von den Einzelsinnen in Bezug auf die Unterscheidung der derselben Gattung angehörenden entgegengesetzten Qualitäten zeigt, weil bei ihnen die numerische Einheit und die Mehrheit der Bestimmungen oder Fähigkeiten leichter in die Augen springt, und dass er dann das von den Einzelsinnen Bewiesene auf den Centralsinn in Bezug auf die Unterscheidung der heterogenen Qualitäten überträgt. Nach dieser Darlegung des allgemeinen Inhalts gehen wir zu einer Besprechung der Stelle im Einzelnen über.

Aristoteles beginnt mit der Behauptung, dass die Luft als Medium der Farben in dem äussern Auge, als Medium des Tones in dem äussern Ohre eine Veränderung hervorbringe, jedes von diesen wieder in einem Andern (den die äusseren Organe fortsetzenden Kanälen, wie später gezeigt werden soll), dass aber das letzte wahrnehmende Princip nur eins und nur seinem Sein nach vieles sei. Die angefangene Construction vollständig verlassend stellt er nun von Neuem die Frage auf, wodurch (τίνι) die Seele (denn diese ist wohl als Subject zu ergänzen, möglicher Weise auch das eben genannte letzte Eins) den Unterschied der heterogenen Qualitäten, wie weiss und warm, erkenne, indem er unter Bezugnahme auf die frühere Auseinandersetzung im 2. Kapitel desselben Buches bemerkt, dass er die Frage in einer andern Weise (καὶ ὧδε) erörtern wolle. Diese andere Weise besteht, wie aus der Darstellung selbst hervorgeht, darin, dass er, um die Unterscheidung der heterogenen Qualitäten durch ein centrales Princip zu erklären, ausgeht von der Unterscheidung der homogenen entgegengesetzten Qualitäten durch die Einzelsinne, und dass

---

[1]) 431a 27.

er die numerische Einheit des unterscheidenden Princips
bei einer Vielheit seiner Bestimmungen zur Anschauung bringt
an der analogen Beschaffenheit der concreten Dinge, was
Beides in dem angezogenen 2. Kapitel nicht geschehen ist.
Unmittelbar nach Aufstellung der Frage beginnt Aristoteles
die Antwort mit den Worten: „Es — d. h. dasjenige, womit
die Seele jenen Unterschied erkennt — ist ein Eins ($\ell\nu$ $\tau\iota$), in
ähnlicher Weise wie die Grenze ($\ddot{o}\rho o_{\varsigma}$) [so nach dem Texte
von · Bekker; nach der Conjectur von Torstrik: wie der
Punkt und die Grenze überhaupt]". Es wird mit den letzten
Worten ohne Zweifel zurückgewiesen auf das im 2. Kapitel
gebrauchte Bild. Bis dahin ist Alles vollständig klar. Aber
jetzt folgt die vorhin erwähnte äusserst unklare und kritisch
unsichere Stelle, die ich hersetze.

Nach den schon erklärten Worten: „$\ell\sigma\tau\iota$ $\gamma\grave{\alpha}\rho$ $\ell\nu$ $\tau\iota$ $\varkappa\tau\lambda$."
fährt Aristoteles nach dem Bekker'schen durch die besten
Handschriften beglaubigten Texte so fort: „$\varkappa\alpha\grave{\iota}$ $\tau\alpha\tilde{\upsilon}\tau\alpha$ $\ell\nu$ $\tau\tilde{\omega}$
$\grave{\alpha}\nu\acute{\alpha}\lambda o\gamma o\nu$ $\varkappa\alpha\grave{\iota}$ $\tau\tilde{\omega}$ $\grave{\alpha}\rho\iota\vartheta\mu\tilde{\omega}$ $\grave{o}\nu$ $\ell\chi\epsilon\iota$ $\pi\rho\grave{o}\varsigma$ $\ell\varkappa\acute{\alpha}\tau\epsilon\rho o\nu$, $\dot{\omega}\varsigma$ ' $\ell\varkappa\epsilon\tilde{\iota}\nu\alpha$
$\pi\rho\grave{o}\varsigma$ $\ddot{\alpha}\lambda\lambda\eta\lambda\alpha$ [$\dot{\omega}\varsigma$ — $\ddot{\alpha}\lambda\lambda\eta\lambda\alpha$ von Torstrik eingeklammert]."
Was ist nun der Sinn dieser dunklen Worte?

Baeumker (S. 74 ff.) ist mit Brentano[1]) der Ansicht, es
handle sich an unserer ganzen Stelle um die Frage, wie die
Seele die Unterschiede der objectiven Qualitäten in der
äusseren Welt zu erkennen vermöge, und diese Frage werde
hier von Aristoteles dahin beantwortet, dass die Seele die Unterschiede der objectiven Qualitäten erkenne durch die
Wahrnehmung der Unterschiede der subjectiven Sensationen, welche zu jenen in Proportion stehen. Baeumker
übersetzt demnach (S. 73) die obigen Worte: „Auch jene Wahrnehmungen (die des Süssen und Warmen) sind eins nach der
Beziehung und dem Verhältnisse [$\grave{\alpha}\rho\iota\vartheta\mu\tilde{\omega}$], wie es jene (die
entsprechenden äussern Objecte [$\ell\varkappa\epsilon\tilde{\iota}\nu\alpha$]) zu einander haben."

Es ist nun gewiss wahr, dass nach Aristoteles die
Unterschiede der objectiven Qualitäten erkannt werden durch
die subjectiven Sensationen, d. h. durch die wahrgenommenen Qualitäten oder die in der Wahrnehmung vor-

---

[1]) Psychologie des Aristoteles. S. 93 ff. Vergl. auch Sehell: die
Einheit des Seelenlebens etc. S. 183, Anm. 3.

handenen Bilder; obschon er den Ausdruck, dass die wahrgenommenen Qualitäten den objectiven proportional seien, nicht von den wahrgenommenen Qualitäten als solchen, sondern nur von den mit ihnen etwa verbundenen G r ö s s e nv e r h ä l t n i s s e n gebrauchen würde [1]). Allein es handelt sich an unserer Stelle durchaus nicht um die Frage, wie die Seele die Unterschiede der o b j e t i v e n Q u a l i t ä t e n als o b j e c t i v e r zu erkennen vermöge, sondern wie sie innerlich zur U n t e r s c h e i d u n g der S e n s a t i o n e n s e l b s t, der verschiedenen w a h r g e n o m m e n e n Qualitäten komme. Dieses ist es, was als das zu lösende Problem gleich Anfangs mit voller Bestimmtheit hingestellt wird; und jeder Zweifel wird durch die Bezugnahme auf eine frühere Lösung desselben Problems beseitigt. Ausserdem aber wird es bewiesen durch die ganze folgende Darstellung, deren einzelne Momente bei jener Annahme unverständlich bleiben.

Was ferner die gegebene Uebersetzung angeht, so ist dieselbe sowohl aus sprachlichen als aus sachlichen Gründen unzulässig. Die Wahnehmungen ($\tau a \tilde{v} \tau a$), z. B. des Süssen und Warmen oder beliebiger anderer heterogener Qualitäten (denn von solchen ist hier noch die Rede), sollen eins sein „nach der Beziehung und dem Verhältnisse, wie es die äusseren Objecte ($\dot{\epsilon}\varkappa\epsilon\tilde{\iota}\nu a$) zu einander haben." Wir nehmen an, dass ,$\tau a \tilde{v} \tau a$' die Wahrnehmungen, ,$\dot{\epsilon}\varkappa\epsilon\tilde{\iota}\nu a$' die entsprechenden objectiven Qualitäten bezeichnen; denn obschon diese Beziehung des ,$\dot{\epsilon}\varkappa\epsilon\tilde{\iota}\nu a$' ihre grosse Schwierigkeit hat, so ist doch schwerlich eine andere aufzufinden, wie wir noch sehen werden. Wir sehen hier ferner noch davon ab, dass ,$\dot{a}\varrho\iota\vartheta\mu\dot{o}\varsigma$' nicht ,Verhältniss' schlechthin bezeichnen kann. Aber von welcher Art soll die Beziehung und das Verhältniss sein, wodurch die Wahrnehmungen der Qualitäten wie die entsprechenden Objecte e i n s werden? Soll diese einende Beziehung etwa darin bestehen, dass beide wahrgenommenen Qualitäten, wie süss und warm, die positiven Glieder ihrer entsprechenden Gattungen sind? — aber es könnten statt dieser beiden Qualitäten ja auch ,süss und kalt' in Betracht

---

[1]) Vergl. Memor. 2. 452b 8 ff.

kommen; — oder darin, dass beide derselben **Kategorie**
angehören? oder dass sie irgend ein gleiches Grösseverhält-
niss haben? oder in irgend einem andern beiden gleichmässig zukommenden Verhältnisse? Keine dieser Beziehungen
ist nothwendig mit Ausnahme der, dass sie beide zu derselben allgemeinen Kategorie gehören. Aber es handelt sich
ja bei der angegebenen Auffassung der ganzen Stelle gar
nicht darum, dass die wahrgenommenen Qualitäten nach
irgend einer Beziehung unter sich eins sind, sondern dass
sie eins sind mit den entsprechenden Objecten, und
zwar eins durch die Gleichheit des Verhältnisses, welches
zwischen den Gliedern beider Seiten besteht, wie die Stelle
auch von Brentano gefasst wird: aber dann muss sie mit
ihm auch anders gelesen werden [1]).

Aber abgesehen von der bekämpften Auffassung, welchen verständlichen Sinn können die Worte: „καὶ ταῦτα ἐν
τῷ ἀνάλογον καὶ τῷ ἀριθμῷ ὃν ἔχει πρὸς ἑκάτερον", haben?
Das Wort ἀριθμός kann nicht ein Verhältniss schlechthin,
sondern nur ein in Zahlen ausdrückbares Verhältniss bezeichnen. Die wahrgenommenen Qualitäten süss und warm
sind nun zwar eins der Analogie nach, weil beide die positiven Extreme ihrer respectiven Gattungen bilden; aber
welches Zahlenverhältniss ist in ihnen aufzufinden? Kampe [2])
übersetzt, die verschiedenen Wahrnehmungen seien in dem
einen wahrnehmenden Princip eins „nach dem gegenseitigen
Verhältniss und der Mischungszahl, sowie die entsprechenden Objecte", und zwar in Rücksicht darauf, dass nach Aristoteles die angenehmen Farben Mischungen von Weiss und
Schwarz, die angenehmen Geschmacksqualitäten Mischungen
von Süss und Bitter nach bestimmten Zahlenverhältnissen
seien. Nehmen wir diese Deutung an, und schreiben in
Uebereinstimmung damit den einfachen Qualitäten süss und
warm die Einzahl zu [3]), so würden die wahrgenommenen
Qualitäten süss und warm der Analogie und ihren Zahlenver-

---

[1]) A. a. O. S. 94, 49.
[2]) Erkenntnisstheorie des Aristoteles S. 108, 3.
[3]) Vgl. Torstrik, Aristot. An. p. 200.

hältnissen nach eins sein. Setzen wir als die wahrgenommenen Qualitäten eine Farbe, die aus 4 Theilen Weiss und
2 Theilen Schwarz, und eine Geschmacksqualität, die aus 4
Theilen Süss und 2 Theilen Bitter besteht, so werden auch
diese sowohl der Analogie als ihrem Zahlenverhältnisse nach
eins sein. Sind aber die wahrgenommenen Qualitäten etwa
eine Farbe, die aus 2 Theilen Weiss und 4 Theilen Schwarz, und
eine Geschmacksqualität, die aus 3 Theilen Süss und 3 Theilen
Bitter besteht, so sind diese weder der Analogie noch dem Zahlenverhältnisse nach eins. Die verschiedenen in dem unterscheidenden Princip gegenwärtigen Wahrnehmungen können
demnach wohl der Analogie und einem gewissen Zahlenverhältnisse nach eins sein, sind es aber nicht nothwendig
und nicht immer; und daher ist nicht zu sehen, in welcher
Verbindung eine solche Einheit der Wahrnehmungen mit
ihrer Unterscheidung durch die Seele stehen soll. Ich will
nicht alle immer von Neuem auftauchenden Schwierigkeiten
anführen und nur noch aufmerksam machen auf die uner-
trägliche Härte der Construction in der Verbindung „ὃν ἔχει
πρὸς ἑκάτερον, ὡς ἐκεῖνα πρὸς ἄλληλα". Kurz, die Stelle ist
in der angegebenen Gestalt des Textes unverständlich und
unübersetzbar.

Allein es ist auch schwer, wenn nicht unmöglich, dieselbe ohne neue handschriftliche Hülfsmittel mit Sicherheit
zu verbessern. Trotzdem will ich wenigstens eine Möglichkeit erwähnen, durch welche die grössten Schwierigkeiten
vielleicht beseitigt werden könnten; bemerke aber ausdrücklich, dass ich sie eben nur als eine Möglichkeit hinstelle. Die
Hauptschwierigkeiten liegen in der Beziehung der Prono-
mina ‚ταῦτα' und ‚ἐκεῖνα' und in der Bedeutung des Wortes
‚ἀριθμός'. -- Aristoteles will, wie wir schon auseinandergesetzt haben, an unserer Stelle zur Anschauung bringen,
dass das wahrnehmende Princip, insofern es unterscheidend
ist, dem Subjecte nach eins, seinen Bestimmungen nach aber
vieles ist, und zwar mit Bezugnahme auf das analoge Verhältniss bei den concreten Dingen mit mehreren Qualitäten.
Er führt deshalb den Act der Unterscheidung selbst vor
Augen und sucht an diesem Acte zu zeigen, dass das unter-

scheidende Princip dem Subjecte nach eins, den in ihm gegenwärtigen Wahrnehmungen verschiedener Qualitäten nach aber
vieles ist, oder umgekehrt, dass in ihm die Wahrnehmungen
verschiedener Qualitäten ihrem eigenen Begriffe nach vieles,
dem Subjecte nach aber eins sind; und er zeigt dies in der
Weise, dass er damit jedesmal das gleiche Verhältniss der
objectiven Qualitäten und des sie ·in sich habenden
einen Dinges in Verbindung bringt. Davon gehen wir aus.

Unter ,ταῦτα' die Wahrnehmungen der verschiedenen
Qualitäten, hier des Süssen und Warmen, zu verstehen, hat
keine Schwierigkeit, da eben von der Unterscheidung dieser
Wahrnehmungen die Rede ist. Sehr bedenklich dagegen ist es,
unter ,ἐκεῖνα' die objectiven Qualitäten selbst im Gegensatze zu den Wahrnehmungen zu verstehen, wenn dieselben noch in keiner Weise genannt sind; denn dann würde
man nach Aristotelischem Sprachgebrauche vielmehr ,αὐτὰ' erwarten müssen. Aber ist denn von den objectiven Qualitäten noch in keiner Weise die Rede gewesen? Wir erinnern
uns, dass Aristoteles nur wenige Zeilen vorher im Anfange
der Stelle [1]) gesagt hat, dass die Luft, das Medium des Lichtes und der Farbe, eine Veränderung in dem äusseren Auge,
und ebenso — denn das liegt im Sinne — als Medium des Tones
in dem äusseren Ohre, hervorbringe. In der Luft sind die
objectiven Qualitäten des Lichtes und des Tones als in
einem und demselben Subjecte vereinigt, und es ist gewiss
nicht eine besonders kühne Voraussetzung, dass dem Aristoteles dieser Gedanke beim Niederschreiben der Stelle bestimmt vorgeschwebt habe. (Es wäre dem Sinne der Stelle
nach gar wohl möglich, die Lücke nach ,πλείω' [2]) etwa so zu
ergänzen: „οὕτως καὶ αὐτὸς ὁ ἀὴρ ἀριθμῷ μὲν ἕν, τὸ δ' εἶναι
αὐτῷ πλείω"). Wird dieses im Allgemeinen angenommen,
so erscheint die Beziehung des ,ἐκεῖνα' auf die objectiven
Qualitäten sehr wohl möglich. Die Worte „ὡς ἐκεῖνα κτλ."
mit Torstrick vollständig zu streichen, verbietet der Sinn.

Gehen wir nun über zu der Bedeutung des Ausdruckes

---

[1]) 431a 17.
[2]) 431a 20.

ἀριθμός. Indem wir die Worte „καὶ ταῦτα (die Wahrnehmungen der Qualitäten süss und warm) ἐν τῷ ἀνάλογον
καὶ τῷ ἀριθμῷ" zunächst für sich allein ohne das Folgende
betrachten, stellen wir die Frage, in welcher Beziehung Qualitäten wie s ü s s und w a r m nach Aristoteles e i n s sein können. Da sie heterogen sind, so sind sie weder der Gattung noch der Art nach eins; sie können also nur noch der
A n a l o g i e und der Z a h l nach eins sein. Sie sind aber in
der That der A n a l o g i e nach (τῷ ἀνάλογον) eins; denn s ü s s
verhält sich zu der Gattung des Geschmackes, wie w a r m zu
der Gattung der Temperatur; beide sind in ihren Gattungen
die extremen positiven Glieder. Es ist für das Verständniss der
hier besprochenen Verhältnisse noch hervorzuheben, dass Objecte, die n u r der Analogie nach eins sind, verschiedenen
Gattungen angehören, dass also a n a l o g e Qualitäten schlechthin h e t e r o g e n e Qualitäten sind. Jene Qualitäten sind der
Voraussetzung nach wahrgenommen und zwar von demselben
wahrnehmenden Princip; sie sind demnach, als gegenwärtig
in demselben Subjecte, auch eins der Z a h l nach (ἀριθμῷ).
Der Ausdruck ‚τῷ ἀριθμῷ ἕν' würde also, seiner eigentlichen
technischen Bedeutung gemäss, „der Zahl nach eins" und
nicht, wie vorhin, „einem gewissen Z a h l e n v e r h ä l t n i s s e
nach eins" bezeichnen. Wird der Sinn so gefasst, so ist das
‚ὃν ἔχει' nach ‚ἀριθμῷ' sinnlos und wir lassen es vorläufig
unberücksichtigt. Dagegen würde dieser Satz vollkommen
richtig sein: „Indem die Wahrnehmungen der Qualitäten weiss
und warm der Analogie und der Zahl oder dem Subjecte
nach eins sind (nach dem Vorigen), verhält sich jede zur
andern, wie sich die entsprechenden objectiven Qualitäten
(ἐκεῖνα) zu einander verhalten, welche ebenfalls der Analogie
und — vorausgesetzt, dass sie in demselben Subjecte vereinigt sind — der. Zahl nach eins sind. Dass sie hier aber
als in demselben Subjecte vereinigt gedacht werden, liegt in
dem ganzen Zusammenhange und wird ausserdem bald darauf
ausdrücklich gesagt. — Es bleibt also nur noch das „ὃν ἔχει"
übrig. In der alten Uebersetzung von Moerbeka wird die
Stelle so wiedergegeben: „*et hoc in proportionali aut numero
e n s unum habet se ad utrumque, sicut illa ad invicem;*" er

las also in seinem Exemplar statt ‚ὃν' ‚ὅν'. Wenn wir dieses ὂν einsetzen, so würde die ganze Stelle so lauten: „καὶ ταῦτα ἐν τῷ ἀνάλογον καὶ τῷ ἀριθμῷ ὅν, ἔχει πρὸς ἑκάτερον, ὡς ἐκεῖνα πρὸς ἄλληλα." Die Stelle in ihrem ganzen Zusammenhange würde demnach diesen Sinn ergeben: „Dasjenige, womit die Seele die Wahrnehmungen des Süssen und Warmen unterscheidet, ist ein einheitliches Princip, wie auch der Punkt oder die Grenze. Indem — in diesem Princip — auch diese Wahrnehmungen selbst der Analogie und der Zahl nach eins sind, verhält sich jede derselben zur andern, wie sich die entsprechenden objectiven Qualitäten zu einander verhalten, (die ebenfalls der Analogie und — wie angenommen wird — der Zahl nach eins sind)." Das scheint aber gerade der Gedanke zu sein, der gefordert werden muss.

Alles Uebrige ergibt sich nun von selbst. Aristoteles fährt, an den ausgesprochenen allgemeinen Gedanken anknüpfend, dem Sinne nach so fort. Es macht in Bezug auf das Problem keinen Unterschied, ob man nach der Unterscheidung der heterogenen Qualitäten durch einen Centralsinn, oder der entgegengesetzten Qualitäten durch einen einzelnen Sinn fragt; in beiden Fällen bleibt das Verhältniss dasselbe. In Bezug auf die entgegengesetzten Qualitäten setze man folgende Proportion: Wie sich A zu B — die objective Qualität des Weissen zu der des Schwarzen — verhält, so verhält sich C zu D — die Wahrnehmung der einen zu der Wahrnehmung der andern Qualität. — (Die Proportion besteht darin, dass, wie jene die entgegengesetzten Qualitäten derselben Gattung, so diese die entgegengesetzten Wahrnehmungen desselben Sinnes sind. Durch das überflüssige „ὡς ἐκεῖνα πρὸς ἄλληλα" [1]) soll vielleicht der kurz vorher in gleicher Bedeutung gebrauchte Ausdruck in's Gedächtniss zurückgerufen werden.) Wenn nun C und D, die beiden entgegengesetzten Wahrnehmungen, einem und demselben Sinne zukommen, so werden sie sich verhalten, wie A und B, die objectiven Qualitäten, sofern diese demselben Objecte zukommen; sie werden eins sein dem Sub-

---

[1]) 431a 26.

jecte nach, dem Sein nach aber vieles; und in gleicher Weise
wird jenes eine Princip (so fasse ich „κἀκεῖνο ὁμοίως" [1]), der
Sinn und das Object, eins sein dem Subjecte nach, vieles
aber dem Sein oder seinen Bestimmungen nach. — In Bezug auf
die heterogenen Qualitäten setze man dieselbe Proportion,
aber in dem Sinne, dass A und B die objectiven Qualitäten
des Süssen und Weissen, C und D die entsprechenden
Wahrnehmungen bezeichnet. Wenn nun diese beiden Wahrnehmungen einem und demselben Princip zukommen, nämlich dem Centralsinne, so werden sie sich verhalten wie die
objectiven Qualitäten, sofern diese demselben Objecte zukommen; sie werden dem Subjecte nach eins, dem Sein nach
aber vieles sein, und ebenso wird jenes eine Princip, der
Centralsinn und das Object, dem Subjecte oder der Zahl
nach eins, seinen Bestimmungen nach aber vieles sein. — Das
ist es, was bewiesen werden sollte.

Soviel über den Centralsinn als das Princip der Unterscheidung verschiedener wahrgenommener Qualitäten. Die
zweite Function desselben ist die Wahrnehmung der Acte des
Wahrnehmens selbst oder das sinnliche Bewusstsein. Da dieselbe in der nun folgenden Besprechung des Verhältnisses des
Centralsinnes zu den einzelnen Sinnen besonders in Betracht gezogen werden muss, so ist hier eine besondere Behandlung überflüssig.

2. Was das Verhältniss der äusseren Sinne zu dem
inneren Centralsinne angeht, so vertheidigt Baeumker (S. 78
bes. 88) die von Vielen getheilte Ansicht, dass nach Aristoteles den äusseren Sinnen eine gewisse Selbständigkeit,
aber nur eine relative Selbständigkeit zukomme. Selbständigkeit komme denselben insofern zu, als
nach Aristoteles die ihnen entsprechenden psychischen Vermögen nicht etwa gemeinsam im Centralorgane, sondern in
den äusseren Organen selbst, im Auge, im Ohr, im äusseren
Geruchsorgane ihren Sitz haben, und dass sich in diesen
äussern Organen als solchen der psychische Act der Wahrnehmung, des Sehens, Hörens, Riechens vollziehe — natürlich

---

[1] Das. 431 a 29.

unabhängig vom Centralsinne, wenn der Sitz der Vermögen in den peripherischen Organen als solchen ist — nur
der Sitz des Tastsinnes falle örtlich mit dem Organe des
Centralsinnes zusammen. Diese Selbständigkeit sei aber nur
eine relative, weil das Bewusstsein von den in dem
äusseren Organe sich vollziehenden Wahrnehmungen und die
allseitige Vergleichung und Unterscheidung derselben sich erst
in dem inneren Sinne vollziehe.

Es ist mir unmöglich, in diesen Behauptungen die wirkliche Lehre des Aristoteles zu erkennen. Ich will absehen
von den in der Sache selbst liegenden Bedenken, von den
unlösbaren Schwierigkeiten, in welche bei dieser Ansicht die
Aristotelische Lehre von dem ganzen Wahrnehmungsprocesse
verwickelt wird, und mich darauf beschränken, einige Aussprüche des Aristoteles anzuführen, in denen geradezu principiell das Verhältniss der äusseren Sinne zum Centralsinne
behandelt wird.

Die Selbständigkeit der äusseren Sinne besteht, wie wir
sahen, darin, dass die entsprechenden psychischen Vermögen
in den peripherischen Organen als solchen, z. B. im Auge selbst,
ihren Sitz haben, dass also diese äusseren Organe vermöge
des in ihnen selbst gegenwärtigen psychischen Vermögens
selbständig und unabhängig vom Centralsinne functioniren
können. Diese Selbständigkeit und Unabhängigkeit des Fun-
ctionirens leugnet nun aber Aristoteles in der bestimmtesten
Weise. Er sagt in der Abhandlung über den Schlaf (c. 2.
455a 33 ff): „Wenn das gemeinsame alle übrigen beherrschende Organ (τὸ κύριον τῶν ἄλλων πάντων αἰσθητήριον)
irgendwie afficirt ist, so werden alle übrigen nothwendig in
Mitleidenschaft gezogen, aber nicht umgekehrt" — und das.
b11: „Wenn das gemeinsame Organ unfähig ist, sich zu bethätigen, dann hört nothwendig bei allen einzelnen Organen die
Wahrnehmungsfähigkeit auf, nicht aber, wenn eines von diesen,
bei jenem." Also die äusseren Organe können nicht selbständig und unabhängig vom Centralorgane functioniren, was
sie können müssten, wenn das entsprechende psychische Vermögen in ihnen seinen Sitz hätte. Dieses letztere ist also
nicht die Meinung des Aristoteles, und damit schwindet die

Selbständigkeit der äusseren Sinne. Aristoteles gibt in dem genannten Capitel auch deutlich den Grund an, weshalb die äusseren Organe ohne das Centralorgan nicht functioniren können. Das Centralorgan ist der gemeinsame Theil aller einzelnen Organe, ist also nicht der blosse Endpunkt, sondern ein wirklicher Theil eines jeden; es ist deshalb das alle beherrschende (κύριον) Organ, mit dem die Seele Alles wahrnimmt, in dem alle nur ein Organ bilden.

Allein es ist damit nur bewiesen, dass die äusseren Organe nicht ohne das Centralorgan functioniren können, dass also das wahrnehmende Vermögen nicht unmittelbar in ihnen selbst seinen Sitz hat. Es bleibt aber noch die Annahme möglich, dass bei voller Functionsfähigkeit des Centralorgans das diesem immanente psychische Princip in die mit dem Centralorgane irgendwie verbundenen äusseren Organe sich gleichsam ausbreite, und dass sich in dieser Weise doch der psychische Act des Wahrnehmens in den äusseren Organen selbst vollziehe. So wenig glaublich diese Annahme auch sein mag, so ist es doch zweckmässig, sie wenigstens hypothetisch zu machen. Allein auch dieser Annahme widerspricht Aristoteles auf das Entschiedenste; denn er behauptet geradezu, dass der Wahrnehmungsact als solcher sich zuerst in dem Centralorgane — also nicht in den peripherischen Organen — vollziehe. Der Beweis ist folgender:

In der Psychologie, III, 2, im Anfang, handelt Aristoteles über die Thatsache des sinnlichen Bewusstseins und sagt: „Da wir nicht allein sehen und hören, sondern auch die Acte des Sehens und Hörens selbst wahrnehmen (d. h. uns ihrer bewusst sind), so sind die zwei Fälle denkbar, dass wir den Act des Sehens entweder mit dem Gesichtssinne selbst oder mit einem andern von diesem verschiedenen Sinne wahrnehmen." Er sucht nun diese aufgestellte Alternative durch eine scharfe Betrachtung der an jede sich knüpfenden Consequenzen zur Entscheidung zu bringen in folgender Weise: Der Sinn, welcher den Act des Sehens wahrnimmt, nimmt nothwendig zugleich die das eigenthümliche Object des Sehens bildende Farbe wahr (weil das wirkliche Sehen eben die Farbe als gesehene in sich hat). Nimmt man nun an, dass der den

Act des Sehens wahrnehmende Sinn von dem ursprünglichen Gesichtssinne verschieden sei, so ist die Folge, dass für dasselbe Object, nämlich die Farbe, z w e i Sinne gesetzt werden, einmal der ursprüngliche Gesichtssinn, dann der den Act des Sehens wahrnehmende Sinn. — Dieses ist aber (so muss im Geiste des Aristoteles hinzugefügt werden) widersinnig, weil dann der erste Sinn überflüssig wäre, die Natur aber nichts Ueberflüssiges schafft. — Verwirft man diese Annahme, so tritt das andere Glied der Alternative ein, dass nämlich derjenige Sinn, welcher ursprünglich die Farbe sieht, selbst seinen Act des Sehens wahrnehme. Dass dieses allein richtig ist, fährt Aristoteles fort, ergibt sich auch noch in anderer Weise. Gesetzt nämlich, dass der den Act des Sehens wahrnehmende Sinn von dem ursprünglich und zuerst sehenden verschieden sei, so muss man entweder vor jenen wieder einen dritten seinen Act des Wahrnehmens wahrnehmenden Sinn setzen, und sofort in's Unendliche, — und dieses ist unmöglich — oder man muss zuletzt irgend einen Sinn annehmen, der mit dem Acte des Wahrnehmens, hier des Sehens, zugleich diesen seinen Act selbst wahrnimmt. Ist dieses aber nothwendig, so schliesst Aristoteles die Erörterung, so muss man es sofort in Bezug auf d e n S i n n annehmen, d e m z u e r s t u n d u r s p r ü n g l i c h d e r A c t d e s W a h r n e h m e n s o d e r S e h e n s z u k o m m t („ἐπὶ τῆς πρώτης τοῦτο ποιητέον"). Welcher dieser Sinn, dem zuerst der Act des Sehens zukommt, sei, bleibt ungesagt, und es ist in Bezug auf diese Stelle rein willkürlich, wenn man die hier genannte πρώτη αἴσθησις auf das äussere Auge beziehen will. Die Entscheidung kann erst durch neue Momente herbeigeführt werden. Die nun folgenden Aporien, die an dem Resultate nichts ändern, sind für unsere Frage gleichgültig. Wir gehen zu einer andern Stelle über.

In der Abhandlung über den Schlaf, cap. 2 (455 a 12—20), heisst es: Alle durch die einzelnen Organe vermittelten Wahrnehmungen schliessen als gemeinsames Moment die Wahrnehmung oder das Bewusstsein des Actes der Wahrnehmung selbst ein. — Alle s c h l i e s s e n e i n, sage ich, ἀκολουθεῖ πάσαις; denn ein Wahrnehmen ohne ein Wissen von der

Wahrnehmung ist nicht Wahrnehmen im eigentlichen Sinne, sondern höchstens die Gegenwart eines wahrnehmbaren Objectes im Organe, wie dasselbe auch in den Medien gegenwärtig ist. — Den Act des Sehens nehmen wir aber nicht wahr durch das Gesichtsorgan (durch das Auge — ‚οὐ γὰρ δὴ τῇ ὄψει ὁρᾷ ὅτι ὁρᾷ), sondern durch einen gemeinsamen Theil aller Organe, d. h. durch den Centralsinn.

Fassen wir jetzt die beiden Stellen zusammen. In der angeführten Stelle der Psychologie hiess es, von demselben Sinne oder Organe, in welchem sich zuerst der Act des Sehens vollziehe, werde dieser Act auch wahrgenommen. In der letzten Stelle wurde behauptet, der Act des Sehens werde nicht von dem (äusseren) Gesichtsorgane, sondern von dem Centralorgane wahrgenommen. Darin liegt unmittelbar folgender Syllogismus: „Das Organ, in dem sich zuerst der Act des Sehens vollzieht, ist auch das diesen Act des Sehens selbst wahrnehmende Organ (An. III, 2). — Das den Act des Sehens wahrnehmende Organ ist das Centralorgan (Somn. 2). — Also, das Organ, in dem sich zuerst der Act des Sehens vollzieht, ist das Centralorgan." Wollen wir nun nicht annehmen, dass Aristoteles bei der Abfassung seiner Schrift über die Seele und der über den Schlaf über die wichtigsten Punkte verschiedene Ansichten gehabt habe, wofür absolut kein Grund vorhanden ist, so müssen wir annehmen, dass nach seiner Meinung der psychische Act der Wahrnehmung sich nicht in den peripherischen Organen, sondern einzig und allein in dem Centralorgane vollziehe.

Es ist nach diesen so bestimmten Stellen wohl nicht erforderlich, das ganze Material, welches in Betracht kommen könnte, einer Besprechung zu unterziehen. Ich begnüge mich daher, nur noch einige wenige Bemerkungen zur Bestätigung des gewonnenen Resultates hinzuzufügen. Der ganze Körper des Thieres ist nach Aristoteles zweitheilig, alle Glieder desselben sind parig, und selbst das Herz besteht eigentlich aus zwei Herzen mit einer gemeinsamen Mitte, der mittleren Herzkammer. Diese Parigkeit gilt namentlich auch von allen äusseren Sinnesorganen[1]). Nun entsteht

---

[1]) Part. An. II, 10. 656 b 32 ff. III, 7. 669b 18 ff.

aber bei der gleichzeitigen Erregung beider gleichnamiger Organe, z. B. beider Augen, durch dasselbe Object nur ein Wahrnehmungsbild, wie Aristoteles ausdrücklich in der Abhandlung *de sensu* c. 7 [1]) bemerkt (ἐν τὸ ἐξ ἀμφοῖν). Diese Thatsache ist nur erklärlich und konnte dem Aristoteles nur erklärlich erscheinen, wenn der psychische Act der Wahrnehmung sich nicht in den äusseren Organen, also in jedem besonders, sondern in einem Punkte vollzieht, welcher die Einheit derselben ist; nnd dieser Punkt kann doch schwerlich noch vom Centralorgane verschieden sein. Auch sagt Aristoteles bald nach der erwähnten Thatsache, der wahrnehmende Theil sei nur einer; und wenn er an einer anderen Stelle derselben Abhandlung, c. 2 [2]), bemerkt, das Organ des Sehens sei nicht im äusseren Auge, sondern im Innern, so kann er, dieser Erörterung zufolge, schwerlich das Innere des Auges, sondern nur das Centralorgan gemeint haben.

Dass nach Aristoteles das wahrnehmende Vermögen nicht in den äussern Organen selbst seinen Sitz hat, folgt auch daraus, dass, wie er in der Schrift über den Traum Cap. 2 u. 3 lehrt, die in diesen Organen vorhandenen Reste früherer Affectionen oder Wahrnehmungsbilder nicht in ihnen selbst zur Wahrnehmung kommen, sondern erst dann, wenn sie zum Centralorgan gelangen und dieses nach Aufhören der Hemmung seine Functionsfähigkeit wiedergewinnt. — Endlich verdient noch besonders hervorgehoben zu werden, dass das Vorstellungs- oder Phantasiebild (die φαντασία als Act und nicht als Vermögen) unmittelbar mit der Wahrnehmung entsteht und als solches mit der actualen Wahrnehmung nicht bloss dem Inhalte nach, sondern numerisch identisch ist. Dieses folgt aus der Darstellung in der Psychologie III, 3. 428 b 25—30. Nur dadurch, dass jene mit der actualen Wahrnehmung entstehenden und mit ihr identischen Vorstellungsbilder nach Aufhören des Eindrucks und der actualen Wahrnehmung in ihrem Subjecte verharren, werden sie zu den sog. Phantasmata im besonderen Sinne; die αἰσθήματα und die φαντάσματα im besondern Sinne sind nicht dem Sub-

---

[1]) 448 b 26 ff.
[2]) 438 b 8.

jecte nach, sondern nur dem Begriffe nach verschieden.
Nun ist aber das Centralorgan das Subject, in welchem ursprünglich die Vorstellungsbilder mit der Wahrnehmung entstehen und in welchem sie nach der Wahrnehmung verharren;
folglich muss sich der Act der Wahnehmung ursprünglich in
dem Centralorgane selbst vollziehen. — Noch einige andere
Momente werden in dem Abschnitte über den Sitz des Centralorgans zur Sprache kommen.

Nach allem diesem muss man, wie ich glaube, behaupten,
dass nach Aristoteles das Wahrnehmungsvermögen als solches
nur im Centralorgane seinen Sitz hat, und dass den äussern
Organen für sich keine eigne Wahrnehmungsfähigkeit zukommt; dass es nach ihm in Wahrheit, wenn das Wort richtig verstanden wird, nur einen Sinn gibt, nämlich den Centralsinn, der in sich die Fähigkeiten zu allen dem Inhalte nach
verschiedenen Wahrnehmungen einschliesst, und dem durch
die verschiedenen äusseren Organe nur die wahrzunehmenden
sinnlichen Qualitäten in ihrer Reinheit und Absonderung zugeführt werden.

Aber gegen diese Ausführungen kann ein sehr gewichtiger
Einwand erhoben werden. Aristoteles behauptet wieder und
wieder, dass jeder Sinn nur eine bestimmte Gattung von
Qualitäten zum Gegenstande habe, der Gesichtssinn die Gattung der Farbe, der Gehörsinn die des Tones u. s. w., dass
seine Wahrnehmungsfähigkeit sich durchaus auf diese Gattung beschränke und dass sein Organ keine Receptivität
für die Einwirkung der einer anderen Gattung angehörenden
Qualitäten habe [1]. Nun ist aber der Centralsinn auch ein Sinn;
und demnach scheint zu folgen, zuerst negativ, dass derselbe
nicht die verschiedenen Gattungen angehörenden Qualitäten der
einzelnen Sinne wahrzunehmen vermöge, dann positiv, dass
es eine bestimmte Gattung von Gegenständen geben müsse,
die sein specifisches Object bilden.

Ich antworte auf den negativen Theil der Folgerung:
Es ist vollkommen richtig, dass Aristoteles wiederholt und in
der bestimmtesten Weise behauptet, dass jeder Sinn auf die

---

[1] Vergl. An. II. 12. 424 b 3 ff.

Wahrnehmung einer Gattung von Qualitäten beschränkt sei;
aber wo immer er diese Behauptung aufstellt, ist nachweis-
lich nur von den einzelnen Sinnen die Rede, während sie speciell in Bezug auf den Centralsinn niemals aufgestellt wird.
Es ist nun aber gar kein Grund vorhanden, eine Bestimmung
der Einzelsinne ohne Weiteres auf den Centralsinn zu über-
tragen; denn es kann eben so gut gerade die specifische
Differenz der Einzelsinne und des Centralsinnes darin bestehen, dass jeder einzelne von jenen auf eine bestimmte Gattung von Qualitäten beschränkt ist, dieser dagegen alle Gattungen umfasst. Und so verhält sich die Sache auch wirklich; der Centralsinn verhält sich zu den Einzelsinnen, wie
das einheitliche Ganze zu seinen Theilen oder Vermögen; er
ist, um die technische Formel zu gebrauchen, eins der Zahl
oder dem Subjecte nach und vieles seinen Bestimmnngen
oder Vermögen nach, und diese Vermögen sind eben die ge-
nerell verschiedenen Einzelsinne. Dieses spricht Aristoteles
selbst mit der grössten Deutlichkeit aus [1]).

Aber wir wollen desungeachtet auch noch die positive
Folgerung für sich betrachten, dass auch der Centralsinn eine
eigene bestimmte Gattung von Objecten habe, auf die sich
seine Wahrnehmungsfähigkeit beschränke. Diese Gattung soll
in den Sensationen als solchen bestehen, bestimmter ausgedrückt, der Centralsinn soll nicht, wie die Einzelsinne, direct die sinnlichen Qualitäten selbst, sondern nur die von
den Einzelsinnen schon vollzogenen Sensationen oder Wahrnehmungen dieser Qualitäten wahrnehmen können. Wie verhält sich nun die Sache? Der Centralsinn und nur dieser
nimmt den Act des Wahrnehmens als solchen wahr; er ist
das Princip des sinnlichen Bewusstseins. Der Centralsinn
und nur dieser ist es, welcher die verschiedenen Wahrnehmungen unterscheidet. Die Wahrnehmungen sind aber nur
verschieden durch die Verschiedenheit ihres Inhalts, d. h. der
von ihnen aufgefassten sinnlichen Formen oder Qualitäten;
folglich nimmt der Centralsinn nicht allein die Acte der Wahrnehmung als solche, sondern mit ihnen zugleich deren jedes-

---

[1]) Sens. 7. 449a 16—19.

maligen Inhalt wahr. Ueberhaupt ist ja die Wahrnehmung eines Actes der Wahrnehmung ohne deren Inhalt nicht möglich, weil der Act ohne Inhalt gar nicht existirt, wenn auch von dem Inhalte abstrahirt werden kann. Wir können die obige Behauptung also so fassen, dass der Centralsinn die sinnlichen Qualitäten nicht direct, sondern nur insofern wahrnehme, als sie in den von ihm wahrgenommenen den Einzelsinnen angehörenden Sensationen als deren Inhalt gegeben sind. Diese Ansicht ist aber weder sachlich noch nach der Lehre des Aristoteles haltbar.

Zunächst nehmen auch die einzelnen Sinne die sensiblen Formen der äusseren Dinge nicht unmittelbar in ihrer objectiven Aeusserlichkeit, sondern nur insofern wahr, als dieselben von den betreffenden Organen ohne das ihnen zu Grunde liegende Substrat aufgenommen werden; sie nehmen also nur die Affectionen ihrer Organe wahr. Soll nun der Centralsinn, indem er die Wahrnehmungen der einzelnen Sinne wahrnimmt, die ihren Inhalt bildenden sensiblen Formen in einer veränderten Gestalt wahrnehmen? Was könnte die verändernde Ursache sein? Und wenn er sie in veränderter Gestalt wahrnähme, so würden wir sie nur in dieser Gestalt kennen, weil er allein das Princip des sinnlichen Bewusstseins ist. Wir werden also sagen müssen, dass er die sensiblen Formen ihrem Inhalte nach ebenso unmittelbar wahrnimmt, als die Einzelsinne. Die obige Behauptung könnte demnach nur noch in dem Sinne eine Bedeutung haben, dass der Centralsinn nicht direct von den äussern Objecten afficirt wird. Aber auch diese Differenz gilt nur in Bezug auf diejenigen einzelnen Sinne, welche äussere vom Centralorgane verschiedene Organe haben; sie gilt also nicht von dem Gefühlssinne und wohl auch nicht von dem ihm analogen Geschmackssinne. Denn nach Aristoteles fällt das Organ des Gefühlssinnes dem Orte nach und deshalb auch dem Subjecte nach mit dem im Herzen befindlichen Centralorgane zusammen [1]), sie sind ἅμα [2]), und wird von den im Fleische, dem Medium dieses Sinnes, irgend wie actual gewordenen Qualitäten

---

[1]) Somn. 2. 455a 22.
[2]) Vergl. Phys. V. 3. 226b 21.

der Wärme und Kälte, der Härte und Weichheit, eben so unmittelbar afficirt, als das äussere Auge von der Luft.

Es ist bei dieser Ausführung absichtlich unberücksichtigt
geblieben, dass sich, wie schon gezeigt wurde, die Wahrnehmung überhaupt nicht in dem äussern Organe, sondern erst
im Centralorgane vollzieht.

Abgesehen von diesen in der Sache liegenden Momenten
findet sich bei Aristoteles nirgends eine Andeutung, dass der
Centralsinn nur die Sensationen der sinnlichen Formen, nicht
diese selbst zum Gegenstande habe. An der Stelle im 7. Capitel des 3. Buches der Psychologie [1]), die als Beweis angeführt wird, ist, wie wir sahen [2]), nicht von einem Unterschiede
der Sensationen und der objectiven Qualitäten, sondern von
der innern subjectiven Unterscheidung der verschiedenen Sensationen selbst, d. h. der Wahrnehmungen verschiedener Qualitäten die Rede. Aber es geht auch positiv aus seinen Aeusserungen bestimmt hervor, dass er dem Centralsinne nicht
bloss die Wahrnehmung der Sensationen, sondern zugleich die
unmittelbare Wahrnehmung der sinnlichen Formen selbst zuschreibt. Der Centralsinn ist ihm das eine Princip, in welchem sich der psychische Act der Wahrnehmung zuerst vollzieht und welches diesen Act selbst wahrnimmt. Derjenige
Sinn, sagt er, welcher den Act des Sehens wahrnimmt, ist
identisch mit dem, der ursprünglich die Farbe sieht, und indem er den Act des Sehens wahrnimmt, nimmt er zugleich
die im Organe vorhandene stofflose Form wahr [3]). Deshalb
nennt er den Centralsinn das Princip, welches Alles wahrnimmt (τὸ αἰσθητικὸν πάντων) [4]), und bezeichnet das Centralorgan als dasjenige, mit dem Alles wahrgenommen wird
(ᾧ αἰσθάνεται πάντων) [5]).

Es ist zuzugeben, dass sich bei Aristoteles sehr viele
Stellen finden, in denen von den äussern Organen so gesprochen wird, als seien sie selbst der Sitz des wahrnehmen-

---

[1]) 431 a 20.
[2]) S. 53.
[3]) An. III, 2. 425 b 17—20; 22—24. Vergl. S. 62 ff.
[4]) Sens. 7. 449 a 17.
[5]) Somn. 2. 455 b 10.

den Vermögens, und dass diese Stellen, wenn sie für sich
aufgefasst und wörtlich verstanden werden, mit dem gewonnenen Resultate nicht übereinstimmen. Allein diese Stellen
fallen namentlich den obigen ersten äusserst bestimmten Aussprüchen gegenüber nicht ins Gewicht, sobald sie eine andere
Erklärung zulassen. Es sind in dieser Beziehung vor Allem
zwei Momente in Betracht zu ziehen. Zuerst sind die erwähnten Stellen nicht solche, in denen der ganze Vorgang
des Wahrnehmungsprocesses als solchen behandelt wird. Es
ist daher leicht erklärlich, dass dem Philosophen beim Niederschreiben derselben nicht alle Momente dieses Processes vor-
schwebten und dass er sich demnach im Ausdrucke von der
gewöhnlichen Ansicht und von dem unmittelbaren Bewusstsein leiten liess, welches ja den Sitz der Empfindung in die
äusseren Organe verlegt. Ein eclatantes Beispiel einer solchen
Accommodation an das natürliche Bewusstsein ist dieses, dass
er häufig vom Fleische als einem empfindenden Organe
spricht, während er doch die wissenschaftliche Ueberzeugung
hat, dass es nicht Organ, sondern bloss Medium sei. Zweitens ist zu bemerken, dass die äusseren Organe, obschon
nicht selbst wahrnehmend, doch eine nothwendige Bedingung
der Wahrnehmung sind, und dass deshalb der Ausdruck, die
Wahrnehmung sei in den Organen, in dem Sinne, sie sei
in ihnen als in ihrer Bedingung, gar nicht unpassend ist,
und an vielen Stellen leicht in diesem Sinne sich erklärt. Am
wenigsten beweisend scheint mir die Stelle der Psychologie
II, 1, wo gesagt wird: „Wenn das Auge ein lebendes Wesen
wäre, so wäre das Sehvermögen seine Seele; denn dieses
ist das begriffliche Wesen (die Form) des Auges." Denn da
es dem Aristoteles hier allein darum zu thun ist, den von
ihm aufgestellten schwer fassbaren Begriff der Seele zur Anschauung zu bringen, so muss er nothwendig ein solches Beispiel wählen, an welchem er in Uebereinstimmung mit dem
natürlichen Bewusstsein seinen Begriff klar zu machen vermag, und es ist in der That kein Grund zu der Annahme
vorhanden, dass er das, was er zum Behufe des Vergleiches
in das Auge setzt, nun auch seiner wissenschaftlichen Ueberzeugung nach demselben zuschreibe.

IV

Das Organ des Centralsinnes soll bei Aristoteles das
Herz sein. „Während das Herz", sagt Baeumker (S. 86),
„das Princip der Ernährung ist als Quelle der animalischen
Wärme, — während es Princip der Bewegung ist, insoweit
es aus gleichartigen Theilen besteht, ist es Princip der Wahrnehmung vermöge seiner Zusammensetzung aus gleichartigen
Theilen." Es heisst zwar (S. 84), Aristoteles verlege das
Centralorgan der Empfindung in das Herz, in welchem nach
ihm auch das Princip der Bewegung und Ernährung sich befinde; allein dieser unbestimmte Ausdruck wird eben durch
den zuerst angeführten bestimmteren, das Herz sei das Princip der Empfindung, ersetzt, also in demselben Sinne verstanden.

Es ist aber durchaus unwahrscheinlich, dass des Aristoteles Meinung wirklich dahin gehe, dass das Herz selbst, der
Herzkörper als solcher, das Centralorgan der Wahrnehmung
sei. Um die Frage zu irgend einer sichern mit Einsicht verbundenen Entscheidung bringen zu können, ist es nothwendig, einerseits die einzelnen auf sie bezüglichen Aussprüche
einer genauern Betrachtung zu unterziehen, anderseits dieselbe
im Zusammenhang zu bringen mit den allgemeinen metaphysischen und naturphilosophischen Principien des Aristoteles,
namentlich mit seiner Lehre von der *materia propria* und
deren Verhältnisse zu der bestimmten in ihr realisirten Form.
Denn diese Lehre findet selbstverständlich auch auf die Seele
Anwendung und muss gerade bei ihr, als der höchsten bekannten in der Materie realisirten Form, in ihrer ganzen Bedeutung hervortreten.

In Bezug auf den Begriff des Centralorgans muss aber
vorab noch bemerkt werden, dass derselbe rücksichtlich
des Subjectes oder der Sache, der nach Aristoteles die
Bestimmung, Centralorgan zu sein, zukommt, in zweifacher

Weise aufgefasst werden kann. Einmal nämlich kann man annehmen, dass das erste Organ der Wahrnehmung mit dem ersten unmittelbaren Substrate der Seele, ihrer *materia proprïa* im eigentlichsten Sinne, dem Subjecte oder der Zahl nach identisch und nur dem Begriffe nach von ihm verschieden sei; denn, so würde Aristoteles sagen, S u b s t r a t s e i n und O r g a n s e i n sind, wenn auch beide demselben Subjecte zukommen, doch ihrem Wesen oder Begriffe nach verschieden. Dann kann man aber jenes Organ auch von dem ersten Substrate der Seele unterscheiden, in der Weise, dass man die Seele und ihr unmittelbares Substrat, ohne welches sie ja keine reale Existenz hat, als ein zur Einheit verbundenes Princip, jenes Organ aber als irgend einen von diesem Princip verschiedenen, aber unmittelbar mit ihm in Berührung stehenden körperlichen Theil fasst, welcher das gemeinsame Centrum der äussern Sinnesorgane ist und deren Bewegungen mit dem genannten einheitlichen Princip, also mit der Seele, vermittelt. Da von den Bewegungen oder Affectionen der äussern Organe zunächst nur das Substrat der Seele und erst durch dieses die Seele afficirt werden kann, in dem Sinne, dass sie dadurch in den Act der Wahrnehmung übergeht, so würde freilich schwer zu begreifen sein, wie Aristoteles, wenn er von dem ersten gemeinsamen Organe der Wahrnehmung spricht, etwas Anderes im Sinn haben könne, als das erste unmittelbare Substrat der Seele selbst. Indess darf dieses doch nicht ohne Beweis angenommen werden. Es ist daher nothwendig, beide möglichen Fälle bei der folgenden Erörterung auseinander zu halten und die Frage, ob nach Aristoteles das Herz oder irgend ein andres Princip das Centralorgan der Wahrnehmung sei, sowohl in Bezug auf die Annahme, dass dieses Centralorgan mit dem ersten Substrate der Seele identisch, als in Bezug auf die Annahme, dass es von demselben verschieden sei, zu behandeln. Erst wenn diese Frage in Bezug auf beide Annahmen in der einen oder andern Weise entschieden ist, werden auch die Elemente vorhanden sein, die Frage nach dem Verhältnisse des Centralorgans der Wahrnehmung zu dem ersten Seelensubstrate zu beantworten.

Nach diesen Vorbemerkungen gehen wir über zur Behandlung der eben gestellten Frage, ob nach Aristoteles das Herz oder irgend ein anderes Princip das Centralororgan der Wahrnehmung sei, und zwar zuerst, der obigen Auseinandersetzung gemäss, mit der stillschweigenden Voraussetzung, dass das Centralorgan der Wahrnehmung mit dem ersten Substrate der Seele dem Subjecte nach identisch sei.

Wir haben zuerst, wie Anfangs gesagt wurde, die directen auf den Gegenstand bezüglichen Aussprüche des Aristoteles in Betracht zu ziehen. Und da ist zunächst zuzugestehen, dass bei Aristoteles einige Stellen vorkommen, in denen deutlich das Herz als das erste Wahrnehmungsorgan bezeichnet zu werden scheint. Allein hier ist die Frage von Bedeutung, in welchen Schriften und in welchem Zusammenhange diese Stellen sich finden. Die Schriften, die hier in Betracht kommen, sind einerseits die „über die Theile der Thiere" und „über die Zeugung der Thiere", anderseits die Bücher über die Seele und die sogenannten *parva naturalia*. Die zuerst genannten Schriften sind durchaus naturwissenschaftlichen, speciell physiologischen Inhalts und nehmen auf die psychischen Thätigkeiten nur insofern Rücksicht, als dieses zum Verständniss des Wesens oder Zweckes der einzelnen körperlichen Organe erforderlich scheint. Die sogenannten *parva naturalia*, um hier die Bücher über die Seele, in denen unsere Frage nicht direct behandelt wird, zu übergehen, haben eben die ausgesprochene Aufgabe, die Wahrnehmung und die mit ihr zusammenhängenden Erscheinungen in Verbindung mit ihren physiologischen Bedingungen darzustellen. Im Falle einer Verschiedenheit in Betreff unserer Frage wird demnach das grössere Gewicht ohne Zweifel der letzteren Klasse von Schriften beizulegen sein.

Aussprüche, in denen das Herz selbst als das Centralorgan der Wahrnehmung bezeichnet wird, finden sich meines Wissens nur in der Schrift „über die Theile der Thiere". Das Herz wird zwar auch hier nicht direct πρῶτον oder κοινὸν αἰσθητήριον genannt, aber doch mit solchen Ausdrücken

bezeichnet, die den Begriff des κοινὸν αἰσθητήριον, und zwar
im Sinne des ersten Substrates der Seele, einschliessen. An
einer ersten Stelle des genannten Werkes, im 1. Capitel des
2. Buches [1]), heisst es: „Weil das wahrnehmende und bewegende und nährende Princip in demselben Theile des Körpers
sich befindet, so muss der Theil, welcher zuerst diese Principien in sich hat, insofern ihm die Fähigkeit zur Aufnahme
aller sinnlichen Qualitäten zukommt (ᾗ δεκτικὸν πάντων τῶν
αἰσθητῶν), zu den gleichtheiligen Theilen, in sofern ihm
die Fähigkeit der Bewegung zukommt, zu den ungleichtheiligen Theilen gehören. Deshalb ist das Herz oder das
Analogon dieser Art; denn seiner stofflichen Zusammensetzung
nach ist es gleichtheilig, wie alle Eingeweide, seiner
körperlichen Form nach aber ungleichtheilig.‟ An einer
zweiten Stelle desselben Werkes, im 4. Cap. des 3. Buches [2]),
wird im Anschlusse an eine weitere Ausführung, dass das
Herz die Quelle oder der erste Behälter des Blutes sei, gesagt, dasselbe sei als τὸ πρῶτον ἔναιμον auch zuerst αἰσθητικόν.
An einer dritten Stelle, im 5. Cap. desselben Buches [3]), wird
die Frage, warum sämmtliche Blutgefässe einen und denselben Ursprung haben, nämlich das Herz, damit beantwortet,
dass bei allen Thieren die sensitive Seele (ψυχὴ αἰσθητικὴ)
der Actualität nach nur eine sei und dass deshalb auch der
körperliche Theil, welcher diese zuerst und unmittelbar in
sich habe (τὸ μόριον τὸ ταύτην ἔχον πρώτως), eins sein müsse.

Dieses sind, glaube ich, die einzigen Stellen, in denen
das Herz direct als Centralorgan der Wahrnehmung und
zwar wie gesagt, im Sinne des ersten Substrates der Seele,
bezeichnet wird oder doch bezeichnet zu werden scheint.
Man kann dazu noch zwei mit den beiden zuletzt angeführten
unmittelbar zusammenhängende Stellen [4]) rechnen, in denen
gesagt wird, einmal, dass in dem Herzen das Princip (ἀρχὴ)
des Lebens, aller Bewegung und aller Empfindung sei; dann

---

[1]) Part. An. II, 1. 647 a 24.
[2]) III, 4. 666a 34.
[3]) III, 5. 667b 20 ff.
[4]) III, 3. 665a 10; 4. 666a 11.

in gleichem Sinne, dass aus dem Herzen die Bewegungen der
Lust und Unlust und überhaupt aller Empfindung entspringen
und in dem Herzen endigen. Denn obschon hier nicht gesagt wird, das Herz sei, sondern im Herzen sei das Princip
der Empfindung, was augenscheinlich einen ganz andern Sinn
haben kann, so braucht man doch auf diese veränderte Aus-
drucksweise deshalb kein Gewicht zu legen, weil diese Stellen
mit den vorigen in nächster Verbindung stehen und deshalb
die Deutung, das Princip der Empfindung sei im Herzen als
seinem Substrate, am natürlichsten erscheinen lassen.

Allein in derselben Schrift, II, 10 [1]), sagt Aristoteles, unter
Berufung auf die Abhandlung über „die Wahrnehmung" (es
ist wohl *de somn.* 455 b 34 gemeint), der Ort in der Gegend
des Herzens (ὁ περὶ τὴν καρδίαν τόπος) sei der Ursprung
(ἀρχὴ) der Wahrnehmungen. Daraus, dass diese unbestimmte
Bezeichnung an die Stelle des nicht lange vorher (II, 1) gebrauchten bestimmten Ausdrucks tritt, das Herz sei das Subject aller Wahrnehmungen (δεκτικὸν πάντων αἰσθητῶν), wird
man schliessen dürfen, dass dieser letztere eben nicht in
seiner ganzen Bestimmtheit zu verstehen sei, sondern durch
jene unbestimmte Bezeichnung modificirt werde. Auch in
der Schrift über „die Zeugung der Thiere" [2]) wird nur gesagt, das Princip der Wahrnehmungen sei in dem Herzen,
nicht, das Herz selbst sei dieses Princip.

Es kommt dazu ein anderer Umstand. Aristoteles unterscheidet in dem Werke „über die Theile der Thiere", III. 4,
in Uebereinstimmung mit der in den Thiergeschichten I, 17 und
III, 3 gegebenen anatomischen Beschreibung, im Herzen der
Menschen und grösseren Thiere drei Höhlungen oder Kammern, eine grösste rechte, eine kleinste linke und eine mittlere, von denen nach der Beschreibung ihrer Lage und ihres
Verhältnisses zu den Blutgefässen die erste dem ganzen rechten Herzen, also der rechten Herzkammer und Vorkammer
zusammen, die zweite der linken Vorkammer, die dritte mittlere der linken Herzkammer zu entsprechen scheint. Die

---

[1]) II, 10. 656 a 27.
[2]) II, 6. 743 b 25.

mittlere Kammer ist das gemeinsame oder centrale Princip ($\varkappa o\iota v\grave{\eta} \; \mathring{\alpha}\varrho\chi\acute{\eta}$), und sie hat das reinste und nach Menge und Wärme mittlere Blut, „weil das Princip sich am meisten in Ruhe befinden muss". In gleicher Weise wird in der Abhandlung über den Schlaf Cap. 3 [1]) der mittleren Herzkammer die Absonderung des reinen Blutes zugeschrieben. Wenn nun Aristoteles selbst im Herzen ein centrales Princip und die diesem untergeordneten Theile unterscheidet, so kann er schwerlich der Meinung sein, wie es nach den zuerst angeführten Stellen scheinen kann, dass das ganze Herz das Substrat der sensitiven Seele sei.

Im Anschlusse an die gegebene Beschreibung des Herzens stellt Aristoteles ferner, in Uebereinstimmung mit seiner Ansicht von der Parigkeit aller körperlichen Organe und von der Zweitheiligkeit des Körpers überhaupt, die weitere Behauptung auf, dass die rechte und die linke Herzkammer eigentlich zwei Herzen darstellen, ein rechtes und ein linkes, deren einheitliches gemeinsames Centrum die mittlere Herzkammer sei[2]). Mit dieser Behauptung lässt es sich noch weniger reimen, dass das Herz als solches das unmittelbare Substrat und Organ des in sich einheitlichen psychischen Principes sei. Ausserdem aber sagt Aristoteles in der Abhandlung über das Athmen[3]) ausdrücklich, dass das vegetative Princip in der Mitte der beiden Herzkammern seinen Sitz haben müsse. — Aus allem diesem scheint wenigstens soviel zu folgen, dass jene Stellen, in denen das Herz selbst als Substrat und Organ der sensitiven Seele bezeichnet wird, nicht im streng wörtlichen Sinne gefasst werden dürfen.

Zu einer bestimmteren Entscheidung führt die Art der Darstellung in der oben bezeichneten zweiten Klasse von Schriften. Wir können dieselben in Rücksicht auf die grössere oder geringere Bedeutung für unsere Frage in zwei Gruppen theilen, von denen die erste die specifisch psychologischen oder doch vorherrschend psychologischen Schriften, nämlich einer-

---

[1]) 458 a 16 ff.
[2]) Part. An. III, 4. 666 b 27 ff.; 7. 669 b 18.
[3]) c. 21. 480 a 23.

seits die Bücher über die Seele, anderseits die Abhandlungen
über die Wahrnehmung und das Wahrnehmbare und über Gedächtniss und Erinnerung, die zweite die vorherrschend physiologischen Abhandlungen über Schlaf und Traum, über
Leben und Tod und über das Athmen umfasst. In den
Schriften der ersten Gruppe kommt ihrer Aufgabe gemäss
nur die Einheit des wahrnehmenden Princips als
solchen, also der Centralsinn, nicht aber speciell auch die
Einheit des Organs der Wahrnehmung, also das Centralorgan und sein örtlicher Sitz im Leibe in Frage, obschon
der Begriff des Centralsinnes nothwendig den des Centralorgans einschliesst. In den Schriften der zweiten Gruppe
dagegen wird ihrer besondern Aufgabe gemäss gerade das
centrale Organ der Wahrnehmung als solches und dessen
Sitz im Leibe in Betracht gezogen.

Um aller Unklarheit vorzubeugen, wird es gut sein,
einige Aristotelische Ausdrücke einer kurzen Besprechung zu
unterziehen. Die in Betracht kommenden Ausdrücke sind τὸ
αἰσθητήριον, τὸ αἰσθητικὸν und ἡ αἴσθησις. Das Wort τὸ
αἰσθητήριον bedarf keiner Erläuterung; es bezeichnet das
Organ der Wahrnehmung als solches und kann seiner Natur
nach keine andere Bedeutung annehmen.

Vieldeutiger ist der Ausdruck τὸ αἰσθητικόν, — τὸ αἰσθητικόν, sage ich, weil es sich hier nur um den substantivir-
ten Ausdruck handelt —, welcher in dreifacher Bedeutung verwendet werden kann. Seiner sprachlichen Form nach schliesst
derselbe zwei Momente ein, nämlich den Begriff der Wahrnehmungsfähigkeit als einer Form oder Qualität, und den Begriff eines dieser Qualität zu Grunde liegenden Subjectes resp.
Organes, insofern in diesem die Wahrnehmungsfähigkeit als
in ihrem Subjecte ihren Sitz hat. Darin sind die Bedeutungen
schon angegeben, die der Ausdruck je nach der verschiedenen Richtung des Gedankens annehmen kann. Zuerst kann
derselbe in seinem ganzen und wahren Sinne gefasst werden;
und dann bezeichnet er das wahrnehmende Princip als die
Einheit des Subjectes (resp. Organs) und der diesem
inhärirenden Form, der Wahrnehmungsfähigkeit, in
gleicher Weise, wie τὸ νοητικὸν für das denkende Princip als

solches oder den νοῦς gebraucht wird [1]). Sodann kann der in ihm liegende Begriff des Subjectes für sich in Anspruch genommen werden; und dann bezeichnet er dasjenige, was die Wahrnehmungsfähigkeit in sich hat, das **wahrnehmungsfähige Subject** für sich [2]). Endlich kann der Hauptbegriff desselben, der der Wahrnehmungsfähigkeit, besonders in Anspruch genommen werden; und dann bezeichnet er das **Wahrnehmungsvermögen** für sich mit Abstraction von seinem Subjecte. Der Grund für die Möglichkeit dieser Bedeutung ist folgender. Jedes, von dem der Begriff „wahrnehmungsfähig" als eine ihm zukommende Bestimmung prädicirt werden kann, kann mit Recht, und zwar auch nach Aristotelischen Grundsätzen [3]), ein „Wahrnehmungsfähiges", also ein αἰσθητικὸν genannt werden. Nun wird aber von dem Wahrnehmungsvermögen der Begriff „wahrnehmungsfähig" als wesentliche Bestimmung desselben prädicirt, d. h. wird von ihm prädicirt als von seinem **logischen** Subjecte. Folglich kann das Wahrnehmungsvermögen mit Recht ein αἰσθητικόν, oder weil es in Wahrheit allein wahrnehmungsfähig ist, τὸ αἰσθητικὸν schlechthin genannt werden. Diese Bedeutung hat das Wort namentlich in Verbindungen wie: „τὸ αἰσθητικὸν τῆς ψυχῆς" oder „τὸ αἰσθητικὸν μέρος τῆς ψυχῆς." In einem ähnlichen Sinne wird aus gleichem Grunde de An. II, 12. 424 a 16 der Ausdruck τὸ αἰσθανόμενον gebraucht. Welche Bedeutung dem Worte an einer Stelle zukommt, muss jedesmal aus dem herrschenden Gedanken entschieden werden; am natürlichsten ist die erste und letzte.

Am vieldeutigsten ist das Wort ἡ αἴσθησις." Seiner eigentlichen und sprachlich ersten Bedeutung nach bezeichnet es den Begriff der Wahrnehmung als solchen, im Sinne der blossen für sich gedachten Thätigkeit. Beispiele anzuführen, scheint kaum nöthig [4]). In diesem Sinne ist „ἡ αἴσθησις" iden-

---

[1]) Vergl. An. II, 5. 417 a 6; b 32; 418 a 2.
[2]) An. II, 5. 417 b 16.
[3]) Vergl. Categ. 5. 3 a 33 ff.; Phys. VII, 3. 245 b 12 ff.; Anal. post. I, 22. 83 a 1 ff.
[4]) Vergl. An. II, 5. 416 b 33; 417 a 4 u. 5 u. 12; b 22; 6. 418 a 10 u. 25; 11. 423 a 16 u. 20. Sens. 7. 447 b 5 ff.

tisch mit „$\tau\dot{\epsilon}\ \alpha\dot{\iota}\sigma\vartheta\eta\tau\iota\varkappa\tilde{\omega}\ \epsilon\tilde{\iota}\nu\alpha\iota$" [1]). Aber dieser Begriff der
Wahrnehmung als blosser Thätigkeit erhält unmittelbar im
Gedanken eine Ergänzung in zweifacher Richtung, in der
Richtung auf das O b j e c t der Wahrnehmung und in der
Richtung auf das ihr zu Grunde liegende Vermögen und Sub-
ject oder Organ. Der Ausdruck „$\dot{\iota}\ \alpha\dot{\iota}\sigma\vartheta\eta\sigma\iota\varsigma$" kann demnach
einerseits wegen der im Begriffe der Wahrnehmung liegenden
nothwendigen Beziehung auf ein Object den bestimmten Inhalt der Wahrnehmung, insofern er wahrgenommen wird,
bezeichnen [2]), gerade wie wir die wahrgenommene Qualität
der Farbe, des Tones, u. s. w. schlechthin Wahrnehmungen
nennen. Anderseits kann derselbe wegen der in dem Begriffe
der Wahrnehmung enthaltenen nothwendigen Beziehung auf
das zu Grunde liegende Vermögen und Subject resp. Organ
bald das V e r m ö g e n d e r W a h r n e h m u n g a l s s o l c h e s,
bald das w a h r n e h m e n d e S u b j e c t o d e r O r g a n, entweder
für sich allein [3]) oder in Verbindung mit dem ihm inhärirenden
den Vermögen, also kurz den S i n n bezeichnen, gerade wie
$\tau\dot{o}\ \alpha\dot{\iota}\sigma\vartheta\eta\tau\iota\varkappa\acute{o}\nu$. Ganz dasselbe gilt von den Ausdrücken $\ddot{o}\psi\iota\varsigma$,
$\alpha\varkappa o\acute{\iota}$, $\ddot{o}\sigma\varphi\varrho\eta\sigma\iota\varsigma$, u. s. w., die der $\alpha\dot{\iota}\sigma\vartheta\eta\sigma\iota\varsigma$ als deren Arten entsprechen. In welcher Bedeutung diese Ausdrücke zu ver-
stehen sind, muss auch hier jedesmal aus dem ganzen Inhalte der betreffenden Stelle besonders entschieden werden.
Die Bewegung des Gedankens von dem Begriffe der $\alpha\dot{\iota}\sigma\vartheta\eta\sigma\iota\varsigma$,
$\ddot{o}\psi\iota\varsigma$ u. s. w. als blosser Thätigkeiten zu dem Begriffe des Vermögens und des Subjectes oder Organs vollzieht sich so leicht
und unvermerkt, dass sich oft beim Schreiben der jetzt in
jener ersten Bedeutung gebrauchte Ausdruck unmittelbar darauf und an derselben Stelle in der Bedeutung des Vermögens oder Organs unterschiebt. So bezeichnet z. B. im
Anfange des 2. Cap. des 3. Buches der Psychologie $\ddot{o} \psi\iota\varsigma$
zuerst den G e s i c h t s s i n n, und gleich darauf die Gesichtswahrnehmung als blosse Thätigkeit [4]).

---

[1]) An. II, 12. 424a 26.

[2]) An. III, 2. 425b 25.

[3]) Das Organ für sich allein wird z. B. durch das Wort $\alpha\dot{\iota}\sigma\vartheta\eta\sigma\iota\varsigma$
bezeichnet An. II, 5. 417a 2, wo gefragt wird, warum es keine $\alpha\dot{\iota}\sigma\vartheta\eta\sigma\iota\varsigma$
$\tau\tilde{\omega}\nu\ \alpha\dot{\iota}\sigma\vartheta\acute{\eta}\sigma\epsilon\omega\nu\ \alpha\dot{\upsilon}\tau\tilde{\omega}\nu$ gebe. Man vergleiche De sensu 2. 437a 27 ff.

[4]) An. III, 2. 425b 13 u. 14. Vergl. II, 5. 417a 2 ff.

Nach dieser Digression, die sehr bald ihre Anwendung finden wird, kehren wir zu unserem Gegenstande zurück.

In den Büchern über die Seele führt die Untersuchung, wie schon angedeutet wurde, nicht speciell auf die Einheit des Organes der Wahrnehmung und den örtlichen Sitz desselben, sondern nur auf die Einheit des wahrnehmenden Princips als solchen. Indem nämlich Aristoteles ausgeht von der rein psychologischen Thatsache, dass wir die durch verschiedene Organe vermittelten Wahrnehmungen vergleichen und unterscheiden, beweist er, dass das wahrnehmende Princip, insofern es unterscheidend ist (τὸ κρῖνον), nothwendig der Zahl nach eins und untheilbar sein müsse [1]. Nun schliesst freilich die numerische Einheit des wahrnehmenden Princips die numerische Einheit des Subjectes oder Organes ein und Aristoteles denkt ohne Zweifel bei jenem auch an dieses; und wenn er im 7. Kap. des 3. Buches sagt, die Luft afficire das Auge und das Ohr und diese beide wieder ein Anderes, das Letzte aber sei eins (τὸ δὲ ἔσχατον ἓν καὶ μία μεσότης), so liegt schon in dem Ausdrucke eine Hindeutung auf ein letztes körperliches Organ der Wahrnehmung. Allein dieses Organ wird nicht für sich in Betracht gezogen und auch nirgends unter seinem eigentlichen Namen erwähnt.

Zwar findet sich an einer Stelle [2] der Ausdruck „πρῶτον αἰσθητήριον" und an einer andern [3] der Ausdruck „ἔσχατον αἰσθητήριον", aber nicht in dem hier in Betracht kommenden Sinne. An der ersten Stelle, wo gesagt wird: „αἰσθητήριον δὲ πρῶτον, ἐν ᾧ ἡ τοιαύτη δύναμις (sc. τοῦ δέχεσθαι τὰ αἰσθητὰ ἄνευ ὕλης)", bezeichnet das Wort ‚πρῶτον' nicht das erste Organ im Verhältniss zu einem zweiten oder letzten; — denn dann würde unbedingt ‚τὸ αἰσθητήριον τὸ πρῶτον' stehen; — sondern das erste im Verhältniss zu dem, was noch gar nicht Organ ist, dem der Begriff des Organes gar nicht zukommt, also etwa zu den Medien oder andern Mittelgliedern. „Dasjenige", so will Aristoteles sagen, „ist zuerst Organ, dem

----

[1] An. III, 2. 426b 12 ff.; 7. 431a 17 ff.
[2] An. II, 82. 424a 24.
[3] An. III, 2. 426b 16.

jene Fähigkeit zukommt." In ähnlicher Weise nennt Aristoteles in Rücksicht auf den Gesichtssinn, wie wir schon sahen, denjenigen Sinn oder dasjenige Organ ‚πρώτη αἴσθησις', in welchem sich zuerst die Gesichtswahrnehmung vollzieht [1]).

An der zweiten Stelle sagt Aristoteles im Anschluss an die Behauptung, dass das wahrnehmende Princip, insofern es die verschiedenen Wahrnehmungen vergleiche, nothwendig eins und untheilbar sein müsse, daraus sei nebenbei auch klar, „ὅτι ἡ σὰρξ οὐκ ἔστι τὸ ἔσχατον αἰσθητήριον· ἀνάγκη γὰρ ἦν ἁπτόμενον αὐτοῦ κρίνειν τὸ κρῖνον". Wenn man dem Aristoteles nicht eine geradezu unbegreifliche Nachlässigkeit in der grammatischen Construction zuschreiben will, so bezieht sich ‚αὐτοῦ' auf ‚τὸ ἔσχατον αἰσθητήριον'; und dann ist eben dieses ‚ἔσχατον αἰσθητήριον' das Object, welches von dem unterscheidenden Princip (τὸ κρῖνον) berührt werden soll. Nun ist aber das unterscheidende Princip (τὸ κρῖνον) dem Subjecte nach mit dem Centralorgane identisch; folglich kann an dieser Stelle τὸ ἔσχατον αἰσθητήριον nicht das Centralorgan bezeichnen sollen. Was darunter wirklich verstanden ist, lässt sich unschwer erkennen; und diese Erkenntniss selbst wirft ein neues Licht auf die Aristotelische Ansicht von dem Verhältnisse des Centralsinnes zu den äusseren Sinnesorganen. — Das Wort ‚τὸ ἔσχατον' bezeichnet das Endglied einer beliebigen Reihe, hinter dem sich kein anderes mehr befindet. Nun hat Aristoteles an einer früheren Stelle die Behauptung aufgestellt, das Organ des Gefühlssinnes sei nicht sogleich (εὐθέως) das Fleisch, sondern es befinde sich im Innern (ἐντός) [2]). Für diese Behauptung findet er jetzt in der erkannten Nothwendigkeit der Einheit des wahrnehmenden Princips einen neuen Beweis, den er nebenbei (denn dieses liegt in dem ᾗ καί) in der ausserordentlichsten Kürze anführt. Statt der früher gebrauchten Worte, ‚das Fleisch sei nicht sogleich (εὐθέως) das Organ des Gefühlssinnes, sagt er hier, und zwar durchaus angemes-

---

[1]) An. III, 2. 425 b 17.
[2]) An. II, 11. 422 b 34,

sen, ,das Fleisch sei nicht das letzte Organ des Gefühlssinnes', d. h. sei nicht das Organ desselben in der Weise,
dass sich hinter ihm in der Richtung nach Innen nicht
noch ein anderes (das eigentliche Organ) befinde. Das dafür
angeführte Argument ist im Sinne des Aristoteles durchaus
schlagend. Wäre das Fleisch als solches das letzte, mithin
eigentliche Organ des Gefühlssinnes, so würde sich die Ge-
fühlswahrnehmung, also die Wahrnehmung der Wärme und
Kälte, der Härte und Weichheit u. s. w. in jedem Punkte
des Fleisches, der eben vom Eindrucke getroffen wird, vor
Allem also an der Oberfläche des Leibes, vollziehen. Da nun
das wahrnehmende Princip, insofern es sich unterscheidend verhält, ein numerisches Eins ist und als solches nur
in einem einheitlichen körperlichen Organe existirt, so müsste
es vermittelst dieses Organes alle Punkte des Fleisches thatsächlich berühren, um die in ihnen vorhandenen Gefühls-
wahrnehmungen in sich aufnehmen und sowohl unter sich
als von den durch die übrigen Sinnesorgane vermittelten
Wahrnehmungen unterscheiden zu können. Dieses aber ist
eine Absurdität. Aristoteles hätte nach denselben Principien
ein Aehnliches auch von den übrigen äusseren Sinnesorganen
sagen könen; und er sagt an einer anderen Stelle auch wirklich in Bezug auf den Gesichtssinn, dass das eigentliche Organ
nicht im äussern Auge, sondern im Innern sei.

Wie in den Büchern von der Seele, so führt auch in der
Abhandlung über die Wahrnehmung und das Wahrnehmbare
die erneuerte Untersuchung, wie ein gleichzeitiges Auffassen
und Unterscheiden verschiedener Wahrnehmungen möglich
sei, nur zu dem Resultate, dass das wahrnehmende Princip als solches, ,τὸ αἰσθητικὸν μέρος' oder ,τὸ αἰσθητικὸν πάντων', ein numerisches Eins sein müsse [1]). Der Ausdruck ,τὸ
αἰσθητικὸν' bezeichnet hier, wie aus dem ganzen Zusammenhange hervorgeht, nicht bloss das Vermögen der Wahrnehmung als solches, sondern das ganze wahrnehmende Princip
als die Einheit des Vermögens und des ihm zu Grunde lie-

---

[1]) Sens. 7. 447a 7; 8; 16.

genden Subjectes oder Organes. Allein das einheitliche Organ wird nicht für sich erwähnt und in Betracht gezogen.

In der Abhandlung über das Gedächtniss und die Erinnerung wird die numerische Einheit des wahrnehmenden Princips als bewiesen vorausgesetzt. Nur insofern dasselbe ein numerisches Eins ist und als solches alle Wahrnehmungen umfasst, kommt ihm die Immanenz der Phantasmata und mit ihr Gedächtniss und Erinnerung zu. Aristoteles nennt hier dieses einheitliche Princip der Wahrnehmung, dem die Phantasmata, Gedächtniss und Erinnerung zukommen, ‚τὸ πρῶτον αἰσθητικόν‘ [1]), und ‚ἡ κοινὴ αἴσθησις‘ [2]). Beide Ausdrücke haben wesentlich denselben Sinn. Denn ‚ἡ κοινὴ αἴσθησις‘, wofür an einer anderen Stelle ‚ἡ αἴσθησις ἡ κυρία‘ gesagt wird [3]), bedeutet hier, unserer früheren Ausführung gemäss, den gemeinsamen alle Wahrnehmungen umfassenden Sinn, während unter ‚Sinn‘ selbst die Einheit des Vermögens und seines Subjectes oder Organes zu verstehen ist. In dem Ausdrucke ‚τὸ πρῶτον αἰσθητικὸν‘ ist ‚αἰσθητικὸν‘ in seiner oben angegebenen eigentlichsten Bedeutung gebraucht; er bezeichnet also ebenfalls den ersten, alle übrigen bedingenden Sinn, Sinn in der oben angeführten Bedeutung verstanden. Aus dieser Erklärung ergibt sich, dass Aristoteles, indem er von einem ersten gemeinsamen Sinne spricht, darunter zugleich ein erstes gemeinsames körperliches Organ versteht; und dieses wird gewiss durch die weitere Bemerkung desselben, dass das Phantasma, der Gegenstand des Gedächtnisses, ein der Seele und dem sie in sich habenden Theile des Körpers eingeprägtes Bild sei [4]), dass derjenige, welcher sich zu erinnern strebe, zugleich ein Körperliches (σωματικόν τι) in Bewegung setze, und dass die Erinnerung schwer sei bei einer Afficirung des Ortes der Wahrnehmung (αἰσθητικὸς τόπος) [5]). Auch der für das genannte einheitliche Princip gebrauchte Ausdruck ‚τὸ ἄτομον

[1]) Mem. 1. 450a 11; 14; 451a 16.
[2]) Das. 450a 10.
[3]) Somn. 2. 456a 5.
[4]) Mem. 1. 450a 27.
[5]) Mem. 2. 453a 21—24.

καὶ ἔσχατον' [1]) passt am besten für das körperliche Organ.
Indess wird auch in dieser Abhandlung das gemeinsame körperliche Organ nicht besonders genannt und in Betracht gezogen, deshalb, weil es sich in ihr nur um die Erklärung
rein psychologischer Erscheinungen handelt.

Ganz anders verhält es sich mit den nun folgenden Abhandlungen. In ihnen bildet die Lehre vom Centralorgane der
Wahrnehmung und dessen örtlichem Sitze den Ausgangs-
punkt, weil die zu erklärenden Erscheinungen, Schlafen und
Wachen, Traum, Leben und Tod, Athmen, theils in gewissen
Zuständen des Centralorganes ihren Grund, theils in der Erhaltung desselben ihren Zweck haben. Während demnach
Aristoteles bisher nur in allgemeinerer Weise behauptet hat,
dass die Vergleichung und Unterscheidung verschiedener Wahrnehmungen ein einheitliches Princip der Wahrnehmung voraussetze, fügt er in der Abhandlung über den Schlaf die spe-
cielle Behauptung hinzu, dass diese Vergleichung und Unterscheidung auch nur geschehen könne durch ein einheitliches
Organ, welches den gemeinsamen Theil aller einzelnen
Organe bilde und sie beherrsche; dass, wie das Wahrnehmungsvermögen (ἡ αἴσθησις) als solches nur eines sei, so auch
das eigentliche Organ der Wahrnehmung der Zahl nach
ein und dasselbe sein müsse [2]). Zur Bezeichnung desselben
gebraucht er verschiedene Ausdrücke, durch welche das Verhältniss desselben zu den einzelnen Organen in seinen verschiedenen Beziehungen angedeutet wird; er nennt es bald
,τὸ κοινὸν μόριον τῶν αἰσθητηρίων ἁπάντων' oder ,τὸ κοινὸν αἰσθητήριον πάντων τῶν αἰσθητηρίων' [3]), bald ,τὸ κύριον αἰσθητήριον' und genauer ,τὸ κύριον τῶν ἄλλων πάντων αἰσθητήριον' [4]), — d. h. das alle andere beherrschende,
in seinen Dienst nehmende Organ — bald ,τὸ πρῶτον αἰσθητήριον', auch mit dem Zusatze, ,ᾧ αἰσθάνεται πάντων' [5]).

[1]) Das. 453 a 25.
[2]) Somn. 2. 455a 15 ff.
[3]) Somn. 2. 455a 19; de vit. 1. 467b 28; 3. 469a 12.
[4]) Somn. 2. 455a 21 u. 34.
[5]) Somn. 2. 455b 10; 456a 21; 3. 458a 28 u. 29.

Dieses erste gemeinsame Organ der Wahrnehmung verlegt Aristoteles in das Herz und drückt sich sowohl in der
Abhandlung über Schlaf und Wachen, als auch in den folgenden Abhandlungen über Jugend und Alter, über Leben
und Tod, über das Athmen, in denen die örtliche Lage des
Organs von besonderer Bedeutung ist, consequent so aus,
dass er sagt, dasselbe sei im Herzen, einmal sogar in un-
bestimmterer Weise, es sei in der Gegend des Herzens [1]),
niemals aber, das Herz selbst sei dieses Organ. Und
wenn er auch an den meisten betreffenden Stellen nicht direct von dem Organe spricht, sondern sagt, das Princip der
Wahrnehmung ($\dot{\eta}$ $\dot{\alpha}\varrho\chi\dot{\eta}$ $\tau\tilde{\eta}\varsigma$ $\alpha\dot{\iota}\sigma\vartheta\dot{\eta}\sigma\epsilon\omega\varsigma$ oder $\tau\tilde{\eta}\varsigma$ $\alpha\dot{\iota}\sigma\vartheta\eta\tau\iota\varkappa\tilde{\eta}\varsigma$
$\psi\nu\chi\tilde{\eta}\varsigma$) oder das eigentliche und herrschende Vermögen der
Wahrnehmung ($\dot{\eta}$ $\alpha\dot{\iota}\sigma\vartheta\eta\sigma\iota\varsigma$ $\dot{\eta}$ $\varkappa\nu\varrho\dot{\iota}\alpha$ oder $\tau\dot{o}$ $\varkappa\dot{\nu}\varrho\iota o\nu$ $\tau\tilde{\omega}\nu$ $\alpha\dot{\iota}\sigma\vartheta\dot{\eta}$-
$\sigma\epsilon\omega\nu$) sei im Herzen [2]), wobei immer die Deutung möglich ist,
es sei im Herzen als in seinem Substrate, so sagt er doch
an einer Stelle ausdrücklich, das gemeinsame Organ
aller Organe sei im Herzen [3]); wo dann die vorige Deutung unmöglich wird.

Wenn nun Aristoteles in einer so grossen Menge von Stellen immer sagt, das wahrnehmende Princip als solches und
das erste centrale Organ desselben sei im Herzen, niemals aber, das Herz selbst sei dieses Organ, ein Ausdruck, der so nahe lag und sich durch seine Bestimmtheit
empfehlen musste, so · dürfen wir wohl schliessen, dass er
dieses eben nicht sagen wollte, sei es, dass er ein anderes,
zwar im Herzen befindliches aber von ihm verschiedenes erstes Substrat und Organ der Seele im Auge hatte, sei es,
dass er über dieses eigentliche Substrat und Organ zweifelhaft und nur über dessen örtlichen Sitz entschieden war. Er
kommt ja auch zu der Annahme, dass das wahrnehmende
Princip und dessen centrales Organ im Herzen sei, nicht
durch irgend eine directe Erkenntniss, sondern, wie er selbst

---

[1]) Somn. 2. 456a 4.

[2]) Die Stellen sind: Somn. 2. 456a 5; Vit. 1. 467b 28 ff.; 2. 468a
15; 3. 469a 5; 16; 23; 4. 469b 3 u. 13 ff. Respir. 8. 474a 28 ff.; 16.
478a 28.

[3]) Vit. 3. 469a 10.

sagt [1]), nur auf Grund zweier Thatsachen und einer allgemeinen rationellen Erwägung. Als die eine Thatsache führt er dieses an, dass das Herz der Anfang und Mittelpunkt des organischen Lebens sei, und schliesst daraus, dass in ihm das vegetative Princip und deshalb auch das mit jenem der Zahl nach identische sensitive Princip seinen Sitz haben müsse. Als die zweite Thatsache führt er an, dass alle äusseren Sinnesorgane mit dem Herzen, nicht aber unter sich in Verbindung stehen. Dazu fügt er noch die allgemeine teleologische Erwägung, dass das Herz als die Mitte des Leibes seiner Natur nach der Ort des herrschenden Principes sei.

Es kommt aber noch ein wichtiges Moment hinzu. Das Herz enthält nach Aristoteles drei Höhlungen oder Kammern, welche mit Blut angefüllt sind. Nun ist aber das Blut, wie er wiederholt ausspricht, durchaus empfindungslos, weil es nicht ein Theil des Körpers, sondern nur die letzte Nahrung des Körpers ist. Mithin müssten, wenn das Herz das letzte Organ der Wahrnehmung sein soll, die jene Höhlungen einschliessenden festen, vielfach gegliederten Wände diese Eigenschaft haben. Diese bilden aber, wiewohl sie in sich zusammenhängend sind, kein eigentliches Continuum. Ein solcher Körper konnte dem Aristoteles, bei dem die Continuität die höchste Form der im Stoffe als solchem möglichen Einheit ist, gegenüber der absoluten Untheilbarkeit der Form, schwerlich als das letzte einheitliche Organ des absolut einheitlichen wahrnehmenden Principes erscheinen. Und wenn er sagt, dass von dem Grade der Dichtigkeit und Härte des Herzens die sensitiven und intellectuellen Fähigkeiten beeinflusst werden, so ist dieser Einfluss ja auch dann möglich, wenn jenes einheitliche Organ im Herzen sich befindet und demnach von ihm in irgend einer Weise afficirt werden kann.

Allein während wir bisher nur in negativer Weise dargelegt haben, dass die Ansicht, Aristoteles setze das Herz als das erste Substrat und Organ der wahrnehmenden Seele, der Begründung entbehre, so lässt sich nun auch positiv höchst wahrscheinlich, ja gewiss machen, dass er in der That ein

---

[1]) Vit. c. 3 u. 4.

anderes, zwar im Herzen befindliches, aber von dem Herzkörper als solchem verschiedenes körperliches Princip für
das erste Substrat, die eigentliche *materia propria*, der Seele
und für das erste Organ der Wahrnehmung hält. Es ist
hier nicht der Ort, die Ansicht des Aristoteles über das
Wesen dieses körperlichen Principes bis in alle einzelnen Andeutungen zu verfolgen, und ich werde mich auf die wichtigsten Punkte beschränken.

In der öfter besprochenen Stelle in dem Werke über die
Zeugung der Thiere, im 3. Cap. des 2. Buches [1]), heisst es:
„Die Kraft (oder das Vermögen) einer jeden Seele — d. h.,
sowohl der vegetativen als der sensitiven; denn der νοῖς ist
kurz vorher ausgenommen — hat Theil (ἔοικε κεκοινωνηκέναι)
an einem Körper, der von den sogenannten Elementen verschieden und göttlicher ist, als sie; und dieser Körper ist
selbst wieder verschieden je nach dem Vollkommenheitsgrade
der Seelen. In dem Samen aller lebenden Wesen ist nämlich ein Princip enthalten, welches den Samen entwicklungs-
kräftig macht, das sogenannte Warme. Dieses ist nicht
Feuer oder eine derartige Kraft, sondern es ist der in dem
schaumartigen Samen eingeschlossene hauchartige Körper (πνεῦμα) und die diesem immanente Natur (φύσις), welche
analog ist dem Elemente (besser: der Natur des Elementes)
der Gestirne."

Der übermässig kurze Ausdruck in dieser Stelle bedarf
einer Auseinandersetzung. Was zuerst das Wesen dieses von
den Elementen verschiedenen und an Werth über ihnen stehenden Körpers angeht, so ist vor Allem zu bemerken, dass
Aristoteles für denselben keinen eigenen Namen hat und auch
nicht haben kann, weil derselbe ja nicht empirisch bekannt,
sondern nur von einer wissenschaftlichen Voraussetzung aus
erschlossen ist. Wenn er ihn als das sogenannte Warme —
d. h. als einen eine gewisse specifische Wärme in sich habenden Stoff; denn der Ausdruck ,τὸ θερμὸν' schliesst hier
nebst dem Begriffe der Qualität auch den des Substrates ein
— bezeichnet, so sagt er damit nur, dass er unter jenem

---

[1]) 736 b 29.

Körper das Princip oder Substrat der eigenthümlichen in den
lebenden Wesen befindlichen physischen Wärme ($\vartheta\varepsilon\varrho\mu\acute{o}\iota\eta\varsigma$ $\varphi\nu$-
$\sigma\iota\varkappa\acute{\eta}$) verstanden haben will, der eine so grosse Bedeutung
für das Leben zukommt. Er bestimmt nun diesen des Namens entbehrenden Körper in zweifacher Weise, zuerst negativ dadurch, dass er ihn
von allen sublunaren Elementen, namentlich vom Feuer, durchaus unterscheidet; dann positiv einerseits durch die Beschreibung seiner essentiellen Beschaffenheit, andererseits durch die
Angabe einer ihm eigenthümlichen Kraft und Thätigkeit. In
der ersteren Beziehung bezeichnet er ihn zunächst als ein
„$\pi\nu\varepsilon\tilde{\iota}\mu\alpha$', ein vieldeutiger Ausdruck, den wir hier jedenfalls
so verstehen müssen, wie er kurz vorher[1]) definirt worden
ist, nämlich als „$\vartheta\varepsilon\varrho\mu\grave{o}\varsigma$ $\mathring{\alpha}\acute{\eta}\varrho$', wodurch die obige Uebersetzung
„hauchartiger Körper' wohl gerechtfertigt wird. Aber er
nennt ihn nicht bloss „$\pi\nu\varepsilon\tilde{\iota}\mu\alpha$' schlechthin, identificirt ihn also
nicht mit dem so benannten Körper, — es wird durch diese
Benennung vielmehr nur die sinnliche Form desselben im
Allgemeinen zur Anschauung gebracht —, sondern er nennt
ihn ein $\pi\nu\varepsilon\tilde{\iota}\mu\alpha$ mit einer bestimmten ihm immanenten Natur ($\varphi\acute{v}\sigma\iota\varsigma$), d. h. mit einer bestimmten Form oder Qualität, vermöge deren er der immanente Grund jener angedeu-
teten bestimmten Thätigkeit oder Bewegung ist. Denn dieses
ist eben der Hauptbegriff der $\varphi\acute{v}\sigma\iota\varsigma$, der hier ohne Zweifel
anzuwenden ist. Das Wesen dieser dem hauchartigen Körper
immanenten Natur bestimmt er nun näher durch den Zusatz,
dass dieselbe analog sei dem die Gestirne bildenden Elemente, d. h. dem Aether, wofür jedenfalls genauer gesagt
würde, „der Natur des Aethers", vorausgesetzt, dass das
Wort $\varphi\acute{v}\sigma\iota\varsigma$ in der vorhin angegebenen eigentlichen Bedeutung verstanden wird. Dasselbe aber, um dieses nebenher
zu bemerken, nicht in dieser, sondern in der ihm bei Aristoteles zuweilen ebenfalls zukommenden Bedeutung eines von
jenem $\pi\nu\varepsilon\tilde{\iota}\mu\alpha$ noch verschiedenen und von ihm eingeschlos-
senen Stoffes zu fassen, dafür ist nicht der mindeste Grund
vorhanden. Denn wenn von dieser $\varphi\acute{v}\sigma\iota\varsigma$ im $\pi\nu\varepsilon\tilde{\iota}\mu\alpha$ be-

---

[1]) Gen. An. II, 2. 736a 1.

hauptet wird, sie sei analog dem Sternenelemente, welches ja ein Stoff oder Körper ist, so ist dieses nur eine sehr häufige Breviloquenz, die im Gedanken leicht ergänzt wird durch die Worte: „analog der Natur des Sternenelements". Das πνεῦμα und die ihm immanente φύσις verhalten sich eben wie Stoff und Form.

Es ist hier nun ohne Zweifel besonders zu achten auf den Ausdruck analog, in dem dieses liegt, dass die dem hauchartigen Körper immanente Natur von der Natur des Aethers der Gattung und der Art nach verschieden und nur der Analogie nach mit ihr identisch sei, dass also jene Natur sich verhalte zu einem Dritten, wie die des Aethers zu einem Vierten. Welches dieses Dritte und Vierte sei und worin der Exponent des Verhältnisses bestehe, sagt Aristoteles nicht; wir werden aber wohl nicht sehr irren, wenn wir seine Meinung dahin verstehen, dass sich die dem hauchartigen Körper immanente Natur so zum psychischen Leben der organischen sublunaren Wesen verhalte, wie die Natur des Aethers zum psychischen Leben der Gestirne, wie dieses auch näher bestimmt werden mag: denn dieses zu entwickeln würde zu weit abführen. Die Analogie der dem hauchartigen Körper immanenten Natur zu der des Aethers besteht demnach darin, dass jener Körper eben vermöge dieser Natur das unmittelbare Substrat der psychischen Thätigkeiten in den sublunaren organischen Wesen ist, wie der Aether in den Gestirnen.

Zu diesen Bestimmungen, durch welche das Wesen jenes Körpers definirt wird, fügt Aristoteles noch ein anderes von seiner Wirksamkeit hergenommenes Moment hinzu, nämlich dieses, dass demselben — natürlich in Folge jenes Wesens — die Kraft und Function zukomme, den Samen entwicklungsfähig (γόνιμον) zu machen. Wir haben demnach den Begriff eines hauchartigen Körpers, dessen Natur der Natur des Sternenelementes analog ist und der vermöge dieser Natur die specifische Kraft besitzt, den Samen, in dem er eingeschlossen ist, entwicklungsfähig zu machen.

Was ferner den Ausdruck angeht, dass das Vermögen (δύναμις) einer jeden Seele Theil habe (κοινωνεῖν) an einem

von den sublunaren Elementen verschiedenen und vollkomm-
neren Körper, so kann derselbe hier zunächst nur die Bedeutung haben, dass jede Seele mit einem solchen Körper als
ihrem Substrate verbunden sei. Denn es ist an dieser
ganzen Stelle nur die Rede von der Seele für sich als blosser
Form, die als solche an einem Stoffe nur in der Weise Theil
haben, mit ihm nur in der Weise in Verbindung stehen kann,
dass sie demselben als ihrem ersten unmittelbaren Substrate
inhärirt. Allein damit ist der Sinn des Ausdrucks noch nicht
erschöpft. Wenn wir nämlich erwägen, dass das Wort
κοινωνεῖν seiner Proprietät nach nicht bloss ‚Theil haben‘,
sondern ‚Theil haben im Sinn eines nützlichen oder nothwendigen Gebrauchs‘ bezeichnet, und wenn wir weiter erwägen, dass Aristoteles nicht sagt, dass jede Seele, sondern
dass das Vermögen (δύναμις) jeder Seele Theil habe an
einem gewissen Körper, und diesen Ausdruck in Beziehung
setzen mit der unmittelbar vorhergehenden Behauptung, dass
mit der Bethätigung (ἐνέργεια) des νοῦς keine körperliche Bethätigung verknüpft sei, d. h. dass dieselbe sich ohne Be-
gleitung einer körperlichen Bethätigung vollziehe, so können
wir die Meinung des Aristoteles nur so fassen, dass sich das
Vermögen einer jeden Seele, also das der vegetativen Seele
zukommende Vermögen der organischen Entwicklung und Ernährung, und das der sensitiven Seele zukommende Vermögen
der Wahrnehmung und Bewegung nur bethätigen könne
in Verbindung und durch die Vermittlung eines Körpers von
der eben beschriebenen Beschaffenheit. Und damit ist zugleich ausgesprochen, dass dieser beschriebene Körper nicht
allein das erste Substrat, sondern auch das erste Organ
der Seele sei, durch welches sie ihre Vermögen bethätigt. An
einer andern Stelle [1]) wird umgekehrt, aber in ganz ähnlichem
Sinne, gesagt, dass ‚τὸ θερμόν‘, d. h. der beschriebene hauchartige Körper, Theil habe (κοινωνεῖν) an dem Princip des
Lebens. d. h. an der Seele, und dass das Princip des Lebens
verschwinde, wenn dieses an ihm Theil habende θερμὸν der
nothwendigen Abkühlung durch die Respiration entbehre; —

---

[1]) Respir. 17. 479a 7.

ein Ausspruch, der die Richtigkeit der obigen Erklärung unmittelbar vor Augen stellt.

Was wir bisher aus einer Stelle entwickelt haben, wird
durch viele theils directe theils indirecte Aussprüche des Aristoteles ausser Zweifel gesetzt, von denen nur einige wenige
angeführt werden mögen. In der Schrift über die Zeugung
der Thiere, III, 1 [1]), sagt Aristoteles, indem er von der Bedeutung des Weissen und Gelben im Ei für die Entwicklung
des Thieres handelt und die ψυχικὴ θερμότης in das Weisse
verlegt, ausdrücklich: „ἐν γὰρ τῷ θερμῷ ἡ ψυχικὴ ἀρχή". Und
in der Schrift über die Theile der Thiere, II, 7 [2]), erklärt er
die Identificirung der Seele mit Feuer oder einer ähnlichen
Kraft für thöricht, für richtig dagegen die Meinung, dass die
Seele einem derartigen Körper inhärire (ἐν τοιούτῳ τινὶ
σώματι συνεστάναι), und fügt als Grund hinzu, dass das Warme
(τὸ θερμὸν) am besten von allen Körpern den Seelenthätig-
keiten als Mittel diene, dass namentlich Ernährung und Bewegung, welche Wirkungen der Seele seien, am meisten durch
die Kraft des Warmen vermittelt werden. In der Abhandlung
über das Athmen [3]) behauptet er speciell von der vegetativen
Seele (ἀρχὴ θρεπτική), dass sie in dem Warmen (ἐν τῷ θερμῷ)
sei. Endlich definirt er in derselben Abhandlung [4]) geradezu
die wirkliche Entstehung, d. h. den Entstehungsmoment, des
Thieres als die erste actuale Gegenwart der vegetativen
Seele in dem Warmen (ἐν τῷ θερμῷ) — d. h. in dem
beschriebenen hauchartigen Körper, — das Leben als Verharren desselben in ihm, den Tod als das Erlöschen
oder Hinschwinden dieses Substrates. Und während er
in der Schrift über die Seele [5]) vom Alter sagt, dass es
nicht auf einer Affection der Seele, sondern ihres Substrates
(τοῦ ἐν ᾧ) beruhe, erklärt er es an der angeführten Stelle der
Abhandlung über das Athmen genauer, aber in voller Uebereinstimmung mit dieser Behauptung, durch das Hinschwinden

---

[1]) 751 b 6.
[2]) 652 b 7.
[3]) Respir. 21. 480 a 16.
[4]) 18. 479 a 29; vergl. Vit. 4. 469 b 18.
[5]) I, 4. 408 b 20.

des für die Erhaltung jenes Substrates nothwendigen Organs der Abkühlung. Speciell in Rücksicht auf die sensitive Seele kann noch die Bemerkung des Aristoteles herangezogen werden, dass die dem Menschen zukommende Reflexions- und Urtheilskraft (διάνοια) ein Beweis sei für die Reinheit und gute Beschaffenheit der in dem menschlichen Herzen befindlichen Wärme [1]). Die Reflexions- und Urtheilskraft nämlich hat zum ersten Objecte die Phantasmata oder Vorstellungen, die ihr gegeben sein müssen. Das Subject der Phantasmata ist aber das centrale Organ der Wahrnehmung, und die Bestimmtheit derselben, ihre dauernde Immanenz und die Leichtigkeit und Sicherheit ihrer Reproduction ist, wie Aristoteles ausdrücklich sagt [2]), bedingt von der Beschaffenheit und dem Zustande jenes centralen Organes. Wenn demnach Aristoteles behauptet, dass die dem Menschen zukommende Reflexions- und Urtheilskraft ein Beweis sei für die Reinheit und gute Beschaffenheit der im Herzen befindlichen Wärme, so kann dieser Behauptung wohl nur der Gedanke zu Grunde liegen, dass eben diese Wärme, d. h. der genannte warme hauchartige Körper, das centrale Organ der Wahrnehmung sei. Ist dieses richtig, so ist dadurch die Ansicht auch von einem neuen Gesichtspunkte aus bestätigt.

Ich füge nur noch in kurzer Zusammendrängung eine Ausführung des Aristoteles hinzu, in welcher er mit grosser Bestimmtheit das genannte erste Seelensubstrat speciell auch als das erste Organ der Seele zu bezeichnen scheint. „Die Seele", sagt er in der Abhandlung über Leben und Tod [3]), ist ihrem eigenen Wesen nach nicht körperlich, aber sie ist in einem Theile des Körpers, und zwar in einem solchen, der actionskräftig unter den übrigen Theilen ist („ἐν τούτῳ τινὶ τῶν ἐχόντων δύναμιν ἐν τοῖς μορίοις"). Welches ist nun dieser actionskräftige Theil des Körpers und worin besteht seine Action? Die Antwort wird von Aristoteles zwar nicht in kurzen bestimmten Worten gegeben, aber sie

---

[1]) Gen. An. II, 6 744a 28—31.
[2]) Mem. 1. 450a 27—b 11; 2. 453a 23 ff.
[3]) 1. 467b 14 ff.

liegt in der nun folgenden Darstellung. Die vegetative und die sensitive Seele, sagt er, sind der Zahl nach, also auch dem Subjecte oder dem Substrate nach eins, und nur ihrem Sein, d. h. ihrer Bethätigungsform nach, verschieden [1]). Die vegetative Seele hat nothwendig ihren Sitz im Herzen. Denn dieselbe muss sich an dem Orte befinden, wo sich ihr eigenthümliches Werk, die Thätigkeit, deren Princip sie ist, nämlich die letzte Nahrungsbildung und die Ernährung selbst, in ununterbrochener Wirklichkeit vollzieht, und wo die Thätigkeiten der untergeordneten Organe ihr Ziel und ihre Vollendung finden. Das Herz aber ist eben der Ort, in welchem das durch Mund und Intestina vorbereitete Blut zur actualen Form der letzten Nahrung vollendet wird, und von dem aus der Ernährungsprocess sich continuirlich vollzieht [2]). Hat aber die vegetative Seele ihren Sitz im Herzen, so hat in ihm auch die sensitive Seele ihren Sitz, deshalb, weil diese mit jener numerisch identisch ist. Dieses wird auch noch bestätigt durch die Thatsache, dass das gemeinsame Organ aller Wahrnehmungen, in welchem alle einzelne Organe zusammentreffen müssen, im Herzen sich befindet [3]). Ist denn nun das Herz selbst jener actionskräftige Theil, in dem die Seele sich als in ihrem ersten Substrate befindet? Keineswegs, sondern es ist nur der Ort desselben. Die vegetative Seele vollzieht nämlich ihr Werk, die letzte Nahrungsbildung und Ernährung, nicht durch das Herz als solches, — dieses ist vielmehr nur der erste Behälter des Blutes, — sondern durch die physische Wärme ($\tau\grave{o}$ $\varphi\upsilon\sigma\iota\kappa\grave{o}\nu$ $\vartheta\epsilon\rho\mu\acute{o}\nu$). Das Princip dieser Wärme befindet sich. aber im Herzen, und die Seele ist, wie Aristoteles wörtlich sagt, in diesem Theile gleichsam feuerig ($\ddot{\omega}\sigma\pi\epsilon\rho$ $\dot{\epsilon}\mu\pi\epsilon\iota\iota\rho\epsilon\iota\mu\acute{e}\nu\eta$), d. h. mit Feuer verbunden [4]). Was das Wort ,$\dot{\epsilon}\mu\pi\iota\rho\epsilon\acute{\iota}\epsilon\sigma\vartheta\alpha\iota$' angeht, so wird dasselbe nach einer Stelle über die Theile der Thiere [5]) gebraucht von Gegenständen, die von einer ihnen fremden Wärme afficirt werden,

---

[1]) Vit. 1. 467 b 25.
[2]) Das. 3. 469 a 2—10.
[3]) Das. 3. 469 a 10—20; 1. 467 b 28.
[4]) Das. 4. 469 b 6—17. Vergl. Respir. 8. 474 b 12; 16. 478 a 29.
[5]) II, 649 a 24. Vergl. Meteor. IV, 11. 389 b 3 ff.

also mit einer ihnen an sich fremden Wärme verbunden sind.
Die Seele als solche kann offenbar mit einer ihr an sich fremden
Wärme nur in der Weise verbunden sein, dass sie sich·in
einem Substrate von dieser Qualität befindet. — Nach diesen
letzten Ausführungen geht demnach die Meinung des Aristoteles dahin, dass jener actionskräftige Körper, in dem die
Seele sein soll als in ihrem ersten Substrate, das im Herzen
befindliche Princip der physischen Wärme, und dass
dieses eben wegen seiner Actionskräftigkeit das erste Organ
der vegetativen Seele sei. Dass es auch das erste Organ
der mit jener numerisch identischen sensitiven Seele, also vor
Allem das Centralorgan der Wahrnehmung sei, wird zwar
nicht besonders gesagt, aber es ist nothwendig, sofern das
Centralorgan der Wehrnehmung mit dem ersten Substrate
der Seele identisch ist, was wir bisher angenommen haben.
Wir müssen uns dabei aber erinnern, dass das hier
gemeinte Princip physischer Wärme nicht elementares Feuer
oder ein elementarisch warmer Stoff ist, sondern jener hauchartige Körper, dessen Natur analog ist der Natur des Sternenelementes. Zur Erläuterung der obigen Behauptung, dass
die Seele in einem actionskräftigen Theile sich befinde, und
der ganzen daran sich knüpfenden Ausführung kann noch
eine Stelle aus der Schrift über die Bewegung der Thiere [1])
dienen, die wohl zu jener Behauptung eine reale Beziehung
hat und von der sogleich noch gesprochen werden wird. Die
Stelle lautet dem Sinne nach: „Derjenige Körper, durch welchen die Seele zuerst bewegt, muss eine gewisse Kraft
($\delta\acute{v}\nu\alpha\mu\iota\varsigma$ $\varkappa\alpha\grave{\iota}$ $\iota\sigma\chi\grave{v}\varsigma$) haben. Dieser Körper ist das ,$\pi\nu\varepsilon\tilde{v}\mu\alpha$
$\sigma\acute{v}\mu\varphi\iota\tau\upsilon\nu$', in welchem die Seele sich befindet als in ihrem
ersten Substrate."
Eine gewisse Unsicherheit in der Deutung mancher Stellen
entsteht dadurch, dass es dem Aristoteles, wie oben gesagt,
an einem eignen bestimmten Namen zur Bezeichnung des
eigenthümlichen ersten Seelensubstrates fehlt. Er gebraucht
zur Bezeichnung desselben meistens den Ausdruck ,$\tau\grave{o}$ $\vartheta\varepsilon\rho\mu\acute{o}\nu$',
wie gleich an der zuerst behandelten Hauptstelle [2]) und sonst

---

[1]) 10. 703a 8; 9. 703a 2.
[2]) Gen. An. II, 2. 736b 34 ($\tau\grave{o}$ $\varkappa\alpha\lambda\upsilon\acute{\upsilon}\mu\varepsilon\nu\upsilon\nu$ $\vartheta\varepsilon\rho\mu\acute{o}\nu$).

häufig [1]) oder den abstracten „ἡ θερμότης‘ [2]). Da aber der
Ausdruck auch jeden elementarisch warmen Körper bezeichnet, so verbindet er ihn häufig mit unterscheidenden Epitheten
und nennt das Seelensubstrat „τὸ φυσικὸν θερμὸν‘ [3]) oder „τὸ
σύμφυτον θερμόν‘ [4]), einmal auch „τὸ φυσικὸν πῦρ‘ [5]), und in
abstracter Fassung: „ἡ φυσικὴ θερμότης‘ [6]) oder „ἡ ψυχικὴ
θερμότης‘ [7]) oder σύμφυτος θερμότης φυσική‘ [8]), oder auch ἀρχὴ
ζωτική [9]).

Nahe lag auch der Ausdruck „πνεῦμα‘, womit das Seelensubstrat an der behandelten Hauptstelle seiner rein stofflichen
Form nach bezeichnet wird; und wenn in der Abhandlung
über die Bewegung der Thiere [10]) für das Substrat der Seele
der Ausdruck „τὸ σύμφυτον πνεῦμα‘ gebraucht wird, so ist
derselbe schon durch jene Stelle hinlänglich motivirt, und es
liegt daher in dem Gebrauche dieses Ausdruckes für sich
schwerlich ein Grund, diese vorzügliche Schrift dem Aristoteles abzusprechen, zumal da es sich hier gerade um das
Substrat der Seele als erstes Organ der Bewegung handelt.
Auch in dem Werke über die Zeugung der Thiere wird σύμφυτον πνεῦμα‘ einmal [11]) in demselben Sinne gebraucht. Während nämlich in der Abhandlung über das Athmen [12]) die Ursache des Athmens dem das vegetative Princip (ἀρχὴ θρεπτικὴ) in
sich habenden θερμὸν zugeschrieben wird, wird hier das „σύμφυτον πνεῦμα‘ als diese Ursache bezeichnet; doch wohl, weil
unter beiden Ausdrücken dasselbe verstanden wird. Sonst
braucht Aristoteles in den psychologischen und physiologischen

---

[1]) Z. B. Gen. An. III, 1. 751 b 6; Part. An. II, 7. 652 b 11; Vit. 4.
480 a 16; 5. 470 a 5; Respir. 18. 479 a 16; 21. 480 a 16.
[2]) Z. B. Gen. An. III, 1. 752 a 2; Respir. 8. 474 a 26.
[3]) Z. B. Vit. 4. 469 b 12; 6. 470 a 22.
[4]) Somn. 3. 458 a 27.
[5]) Respir. 8. 474 b 12.
[6]) Vita 6. 470 a 19; Gen. An. IV, 2. 766 b 34.
[7]) Gen. An. II, 1. 732 a 18. III, 1. 752 a 2.
[8]) Vit. 4. 469 b 7 nebst 15.
[9]) Gen. An. II, 3. 737 a 5.
[10]) 10. 703 a 9.
[11]) Gen. An. V, 2. 781 a 23.
[12]) 21. 480 a 16.

Schriften — und diese kommen allein in Betracht — das Wort
πνεῦμα, wie es scheint, nicht in diesem Sinne, vielleicht deshalb, weil er es zur Bezeichnung der im Körper befindlichen
aus der Nahrung stammenden Luft überhaupt und des Athems
insbesondere verwendet [1]). Der noch einige Mal vorkommende
Ausdruck „*σύμφυτον πνεῦμα*" scheint sich auf die im Körper
befindliche aus der Nahrung sich entwickelnde Luft zu beziehen [2]).

In einem viel klareren Lichte erscheint die entwickelte
Lehre vom ersten Substrate und Organe der Seele, wenn
wir sie in Verbindung bringen mit den metaphysischen und
naturphilosophischen Principien des Aristoteles, namentlich
mit seiner Lehre von der *materia propria* der physischen Substanzen.

Das Sein im eigentlichen Sinne, d. h. das Sein im Sinne
des qualitativen Seins im Gegensatze zu der Materie als solcher, besteht dem Aristoteles in den Formen der Dinge, von
denen eine jede ihrer Beschaffenheit nach völlig bestimmt
und ein in sich vollendetes Eins, ihrer innern concreten Natur nach aber innere Bewegung, Bethätig-
gung, Leben ist. Denn Aristoteles fasst das Sein im angegebenen Sinne durchaus als Bewegung, Bethätigung, Leben,
im Gegensatze zur Materie als solcher, die für sich bestim-
mungslos, bewegungs- und leblos und deshalb ein *μὴ ὄν*, ein
nicht Wesendes ist. Wir können daher jede Form, um
ihren Inhalt mit anzudeuten, eine bestimmte Bethätigungs-
oder Lebensform nennen. Die wahre Bedeutung des Ausdrucks, *τὸ τί ἦν εἶναι*", womit Aristoteles die Form bezeichnet,
liegt in dem „*εἶναι*", dessen prägnanter Sinn durch das deut-
sche Wort „sein" für sich allein nicht zur Anschauung gebracht wird; und deshalb ist die wörtliche Uebersetzung: „das
Was — war — sein" ganz ungeeignet, die Anschauung des
Aristoteles wiederzugeben.

---

[1]) Vergl. Gen. An. II, 6. 741b 37 u. 742a 14; I, 20. 728a 10 u. 28;
IV, 6. 775b 1; Somn. 2. 456a 7.

[2]) Somn. 2. 458a 12 u. 16; Part. An. III, 6. 669a 1; Gen. An. II,
6. 744a 3.

Die Formen der Dinge stellen eine Stufenfolge vom
Niederen zum Höheren dar, je nach ihrem Abstande von der
Materie als solcher und ihrer Annäherung an das reine göttliche Sein, also je nach der Beschaffenheit und Vollkommenheit der in ihnen erscheinenden Bethätigung, des in ihnen erscheinenden Lebens [1]. Auf die die Elemente bildenden Formen,
die aber unter sich schon eine Stufenfolge zeigen [2], folgen die
Formen der organischen Substanzen oder die Seelen mit
ihren Abstufungen. Je nach der Verschiedenheit der Formen
ist auch das Substrat verschieden, in dem sie sich verwirklichen. Die elementaren Formen haben unmittelbar die Materie als solche zum Substrate. Die organischen Formen oder
die Seelen dagegen haben zu ihrem unmittelbaren Substrate
nicht die Materie als solche, sondern einen aus schon geform-
ter Materie, d. h. aus einem oder mehreren Elementen be-
stehenden Körper; und die Natur dieses Körpers ist nicht
bloss von der Natur der in ihm vorhandenen Elemente bestimmt, sondern er ist von dem ihn bildenden Princip in
Rücksicht auf seinen Zweck höher formirt und mit solchen
über die blossen elementaren Kräfte hinausgehenden Qualitäten und Kräften ausgestattet, dass durch die in diesen angelegten Bewegungen und Thätigkeiten die in der Seele als
solcher angelegten Thätigkeiten sich verwirklichen können,
dass also jener Körper eben vermöge seiner Natur der Seele
in Bezug auf alle ihre Thätigkeiten zum ersten und unmittelbaren Organe dient. Es ist nur eine einfache Folgerung, dass
die Natur dieses Körpers verschieden sein muss je nach der
Vollkommenheit der Seele, der er zum Substrate und Organe
dienen soll. Alles dieses ist seinem allgemeinen Inhalte nach
vorhin schon aus Aristoteles selbst dargelegt [3].

Das bildende Princip dieses ersten Substrats und Organs der Seele ist die Natur — φύσις —, dieses einheitliche
im Universum wirksame schöpferische Princip, welches die
Gesammtheit der Formen in ihren Abstufungen als zu ver-

---

[1] Vergl. Gener. et Corr. I, 3. 318b 14.
[2] Gen. Corr. a. a. O.
[3] S. 87 ff. Vergl. Gen. An. II, 3. 736b 31; Respir. 13. 477a 17.

7

wirklichende Zwecke in sich hat und sie fort und fort verwirklicht, indem es die bildsame Materie stufenweise zur Aufnahme immer höherer Formen vorbereitet. „Die Natur", sagt Aristoteles wörtlich, „hat die Seele in dem physischen Feuer (πῦρ φυσικόν, — dem actionskräftigen Substrate) mit Wärme verbunden (ἐμπεπύρευκεν) [1]." Und diese gleich im Samen eingeschlossene Wärme hat, wie es an einer andern Stelle [2] heisst, durch die Natur eine so beschaffene und so grosse Bewegung in sich, wie sie der Bildung der einzelnen Theile des Körpers angemessen ist. Wenn sowohl an dieser als an andern Stellen [3] die Natur des Erzeugers (ἡ φύσις τοῦ γεννῶντος) als die Ursache der genannten physischen Wärme bezeichnet wird, so ist auch die Natur des Erzeugers ein Theil der universalen Natur, ist die Natur selbst in der Individualisirung, die sie in den einzelnen organischen Formen annimmt [4]. Und wenn anderwärts in Bezug auf die spontane Generation gesagt wird, dass dieses lebenskräftige Princip (ζωτικὴ oder ψυχικὴ ἀρχή) in gewissen Stoffen durch den Einfluss der Sonnenwärme oder der Jahreszeiten erzeugt werde [5], so ist doch auch hier das wahre Princip die allgegenwärtige schöpferische Natur.

Das Verhältniss dieses Substrats und Organs zu der Seele als solcher besteht nach der Anschauung des Aristoteles darin, dass jede ἐνέργεια der Seele, jede Bethätigung eines ihrer Vermögen unmittelbar mit einer entsprechenden Bethätigung der in dem Organe angelegten natürlichen Kräfte verbunden ist, oder, um einen Aristotelischen Ausdruck zu gebrauchen, dass jede ἐνέργεια der Seele Theil hat (κοινωνεῖ) an einer ἐνέργεια des Organs, und umgekehrt [6]. Nur durch die Verbindung der Bethätigungen beider kommt eine vollständige psychische, oder eigentlich beiden gemeinsame, Handlung zu Stande. Wenden wir dieses speciell auf die sensitive

---

[1] Respir. 8. 474 b 12. Vergl. S. 93.
[2] Gen. An. II, 6. 743 a 26 ff.
[3] Das. 743 a 34; 3. 736 b 33.
[4] Vergl. Part. An. I, 1. 641 b 8—15.
[5] Gen. An. II, 3. 737 a 3; 6. 743 a 35; III, 11. 761 a 14 ff.
[6] Vergl. Gen. An. II, 3. 736 b 28 ff.

Seele, das Princip der Wahrnehmung und örtlichen Bewegung an, so gestaltet sich das Verhältniss so, dass das Substrat einerseits vermöge seiner stofflichen Natur von den sinnlichen Qualitäten durch die Vermittelung der äussern Sinnesorgane afficirt wird, — denn die Seele als blosse Form ist nicht unmittelbar afficirbar, — bei dieser Affection aber die sinnlichen Qualitäten nicht nach Weise der Materie als eigne Qualitäten actual in sich aufnimmt, sondern sich dieselben vermöge der eigenthümlichen Bethätigungsform der ihm immanenten Seele objectiv gegenüberstellt, d. h. sich ihnen gegenüber wahrnehmend oder vorstellend verhält, und dabei im Verhältniss zu allen in reiner Potenzialität verharrt; dass es anderseits bei der Gegenwart einer Wahrnehmung oder Vorstellung, die als solche Acte der Seele sind, und eines damit verbundnen Begehrens vermöge einer in ihm angelegten natürlichen Kraft (in der Schrift über die Bewegung der Thiere wird sie als Spannkraft bezeichnet) die entsprechende Bewegung der körperlichen Glieder vermittelt.[1]).

Wenn wir so eben sagten, das Substrat der Seele, der ihr zu Grunde liegende Körper, nehme vermöge der Bethätigungsform der ihr immanenten Seele die sinnlichen Qualitäten wahr, wenn wir also jenes Substrat in gewissem Sinne als das Subject der Wahrnehmung setzten, so entspricht dieser Ausdruck, richtig verstanden, sowohl der Sache als der Aristotelischen Redeweise. Aristoteles drückt sich in Rücksicht auf den fraglichen Punkt in einer zweifachen scheinbar ganz entgegengesetzten Weise aus; er sagt bald, die Seele nehme wahr durch den Körper[2]), bald, der die Seele habende Körper (oder das ganze Thier) nehme wahr durch die Seele[3]), er setzt also einmal die Seele, einmal das von der Seele informirte Substrat als das Subject der Wahrnehmung und ebenso der übrigen psychischen Thätigkeiten. Beide Ausdrucksweisen haben einen ganz verschiedenen Sinn. Durch die erste wird die Seele als das eigent-

---

[1]) Vergl. An. III, 7. 431a 10—14; Somn. 2. 456a 15—21.
[2]) Somn. 1. 454a 9.
[3]) An. I, 4. 408b 11—29.

liche active Princip und der Körper als dessen vermittelndes
Organ bezeichnet. Genau genommen kann indess die Seele
als solche nicht das Subject der Wahrnehmung genannt werden. Denn Subject einer Thätigkeit im eigentlichen Sinne kann
nur ein für sich seiendes dieses, eine Einzelsubstanz
sein, welche von Aristoteles gerade als das πρῶτον ὑποκείμενον
definirt wird. Eine solche Einzelsubstanz ist aber nach Aristoteles nicht die Seele für sich allein, die ja blosse Form
ist, sondern erst das aus der Vereinigung der Seele mit einem
Substrat entstehende Ganze, also der die Seele in sich habende Körper oder das einzelne Thier. Deshalb sagt Aristoteles an der angeführten Stelle der Psychologie, dass der
Ausdruck: die Seele nehme wahr, lerne, zürne, eigentlich
unrichtig sei, und völlig richtig nur der Ausdruck: der Mensch,
d. h. das die Seele Habende oder das aus Körper und Seele
bestehende Ganze (κοινόν) nehme wahr vermöge der ihm immanenten Seele. Das letzte Subject ist dann immer das Substrat, aber thätiges Subject und zwar in bestimmter
Weise thätiges Subject ist es nur vermöge der Form. Das
ist der Sinn des oben gebrauchten Ausdruckes.

Den Sitz des ersten Substrats und Organs der Seele verlegt Aristoteles, wie wir gesehen haben, in das Herz, und
bei den blutlosen Thieren in den analogen Körpertheil. Aber
es lässt sich auch erkennen, dass er sich einen bestimmten
Ort des Herzens als diesen Sitz denkt und welcher dieser
Ort sei. Zuerst ist dieses klar, dass er sich dasselbe nicht
als durch den ganzen Herzkörper verbreitet denken kann;
denn dieses würde im Widerspruche stehen mit seinem Grund-
satze, dass nicht zwei Körper an demselben Ort sein können,
und würde sich auch schwerlich mit seiner Behauptung ver-
einigen lassen, dass der Herzkörper dicht sei zu dem Zweck
einer sicheren Bewahrung des warmen Princips [1]). Sodann
deuten aber manche Aussprüche auch positiv auf eine bestimmte Stelle des Herzens hin. Aristoteles bezeichnet, wie
wir früher gesehen haben, die mittlere Herzkammer als den
am meisten ruhenden und sich gleichbleibenden Theil, als

---

[1]) Part. An. III, 4. 666 a 2.

das eigentliche Centrum des Herzens und des ganzen Thieres, und nennt sie den Ort, welcher das reinste, sowohl für die Ernährung als die gute Function aller Seelenkräfte förderlichste Blut absondere und enthalte [1]. Daraus darf man wohl schliessen, dass nach seiner Meinung das erste Substrat der Seele und mithin diese selbst sich in der Nähe dieser mittlern Herzkammer befinde. Ferner, er sieht, wie wir ebenfalls schon hervorgehoben haben, die rechte und linke Herzkammer in Uebereinstimmung mit seiner Ansicht von der Parigkeit aller Organe als zwei Herzen an, ein rechtes und ein linkes, die durch die mittlere Herzkammer zur Einheit verbunden sind, und behauptet, dass in der Mitte zwischen diesen beiden Herzen das ernährende und erhaltende Princip der physischen Kraft — hier speciell das bewegende Princip des Athmens — also die vegetative, dem warmen Substrate inhärirende Seele ihren Sitz habe [2]. Und wenn er anderswo [3] statt des an diesem Orte befindlichen warmen Elements das ‚σύμφυτον πνεῦμα' als die erste Ursache des Athmens bezeichnet und in dieses den Ursprung des Gehörorgans verlegt, so ist darin die Ansicht ausgesprochen, dass das Princip der Gehörwahrnehmung, mithin auch aller Wahrnehmung überhaupt, an demselben genannten Orte sich befinde. Nehmen wir dieses zusammen, so bildet sich fast mit Nothwendigkeit die Anschauung, dass die Seele und ihr erstes Substrat zwischen der rechten und linken Herzkammer in unmittelbarster Nähe der gemeinsamen mittleren Kammer ihren Sitz habe. Dieses Substrat der Seele hat selbstverständlich Ausdehnung und Grösse; denn dieses folgt aus seiner Körperlichkeit, wird aber ausserdem auch von Aristoteles selbst in andrer Verbindung gesagt [4]. Eine noch genauere Vorstellung wird sich Aristoteles selbst schwerlich gebildet haben, weil ihm dazu die nothwendigen Elemente fehlen mussten.

Nachdem wir zu diesem Resultate gekommen sind, wer-

---

[1] Vergl. die früher citirten Stellen: Part. An. III, 4. 666a 21 ff. Somn. 3. 458a 16 ff.

[2] Respir. 21. 480a 16 u. 20—24.

[3] Gen. An. V, 781a 31 fi.

[4] An. II. 12. 424a 24 ff. Vgl. Mot. An. 9. 703a 2.

fen wir einen Blick zurück auf die früher aus dem Werke
über die Theile der Thiere angeführten Stellen, in denen das
Herz selbst als das erste Substrat der Seele und als das
erste Organ der Wahrnehmung bezeichnet wird. Das dieses
nicht die Meinung des Aristoteles ist, hat sich vollständig
herausgestellt. Aber wie sollen wir jene abweichenden Aeusserungen erklären? Die Erklärung scheint auf der Hand zu
liegen. Wenn Aristoteles an jenen Stellen sagt, das Herz
habe die Fähigkeit, alle sensiblen Qualitäten in sich aufzunehmen [1]), es sei als der erste bluthaltige Theil auch zuerst
wahrnehmungsfähig [2]), es sei der Theil, der zuerst die sensitive Seele in sich habe [3]), so betrachtet er das Herz, welches
das Substrat der Seele (und damit diese selbst) als einen
Theil in sich hat, als ein für sich abgeschlossenes Ganzes,
und schreibt nun dem Ganzen zu, was ihm nur vermöge
dieses Theiles, in Wahrheit aber nur diesem Theile als solchem, zukommt. Und diese Redeweise ist in einem Werke,
in welchem es sich um die Stellung des Herzens im leiblichen
Organismus, nicht um die Erklärung psychologischer Processe
handelt, vollkommen berechtigt.

Was die weitere an die erste Stelle sich anschliessende Aeus-
serung angeht, dass das Herz, insofern es die Fähigkeit habe, alle
sensiblen Formen in sich aufzunehmen, gleichtheilig, insofern es
die Fähigkeit des Bewegens habe, ungleichtheilig sein müsse, und
das ihm das erste in Folge seiner stofflichen Zusammensetzung,
das zweite in Folge seiner Form zukomme, so heisst dieses bei
wörtlicher Fassung allerdings, dass das Herz als solches das
erste Organ der Wahrnehmung sei. Allein diese wörtliche
Fassung ist in keiner Weise nothwendig und dem Zusammenhange nach kaum zulässig. Das ganze Capitel, aus dem die
uns vorliegende Stelle entnommen ist, handelt einzig und
allein über den Unterschied und die Bedeutung der gleichtheiligen und ungleichtheiligen Körpertheile. Unsere Stelle
bildet den zweiten Theil einer Erörterung über die Noth-

---

[1]) Part. An. II, 1. 647a 28.
[2]) Das. III, 4. 666a 34.
[3]) Das. 5. 667b 23.

wendigkeit beider Arten von Theilen für den Thierkörper.
Aristoteles sagt zuerst [1]): die Wahrnehmungsorgane sind nothwendig gleichtheilig, die Bewegungsorgane dagegen ungleichtheilig; da nun dem Thiere seinem Begriffe nach sowohl Wahrnehmung als Bewegung zukommt, so muss der Körper desselben sowohl gleichtheilige als ungleichtheilige Theile haben.
Dann weiter [2]): Das Herz hat zuerst sowohl das Princip der
Wahrnehmung als das der Bewegung in sich; es muss deshalb,
insofern es die Fähigkeit hat, alle sensiblen Qualitäten in sich
aufzunehmen (d. h. insofern es Organ der Wahrnehmung ist),
gleichtheilig, insofern es die Fähigkeit hat, zu bewegen, ungleichtheilig sein, und es ist jenes durch seine stoffliche Zusammensetzung, dieses durch seine körperliche Form oder Gestalt. Wenn wir nun diesen letzteren Satz im Zusammenhange
mit dem ersteren betrachten, so will Aristoteles zunächst nur
den allgemeinen Gedanken aussprechen, dass dem Herzen,
insofern es Organ der Wahrnehmung und Bewegung sei, sowohl Gleichtheiligkeit als Ungleichtheiligkeit zukomme, jene
durch seine Zusammensetzung, diese durch seine Gestalt; aber
damit ist nicht nothwendig auch umgekehrt der Gedanke verbunden, dass das Herz, insofern ihm Gleichtheiligkeit zukomme, Organ der Wahrnehmung, und insofern ihm Ungleichtheiligkeit zukomme, Organ der Bewegung sei, d. h. dass der
Herzkörper als solcher Organ der Wahrnehmung und Bewegung sei. Aristoteles setzt hier, wie vorhin gesagt wurde,
das Herz als Organ der Wahrnehmung, weil ein in ihm be-
findlicher Theil Organ der Wahrnehmung ist, und begnügt
sich nun in Bezug auf die dem Organe der Wahrnehmung
nothwendig zukommende Eigenschaft der gleichtheiligen Zusammensetzung mit dem allgemeinen Gedanken, dass das Herz
überhaupt gleichtheilig sei, ohne den Theil genauer zu bestimmen, um dessen Gleichtheiligkeit es sich hier speciell handelt. Dass an unserer Stelle überhaupt vom Herzen nur in
einer gewissen unbestimmten Allgemeinheit gesprochen wird,

---

[1]) 647a 2—24.
[2]) Das. 24—33.

geht auch daraus hervor, dass nach ihr das Herz vermöge seiner Form im Allgemeinen, in welcher seine Ungleichtheiligkeit besteht, Organ der Bewegung sein soll, während ihm doch an einer anderen Stelle [1]) in bestimmterer Weise die Kraft der Bewegung nur vermöge der in ihm befindlichen Sehnen zugeschrieben wird.

Aristoteles stellt in der Psychologie[2]) die Frage auf, ob die Seele in der Weise die Entelechia des Körpers sei, wie der Schiffer die des Schiffes, d. h. ob sie sich so zum Körper verhalte, wie der vom Schiffe zwar verschiedene, aber in demselben befindliche und durch dasselbe sich bewegende Schiffer, ohne die Frage zu beantworten. Fassen wir die Seele und ihr unmittelbares Substrat als Einheit, so werden wir den vorigen Ausführungen gemäss die Frage im Sinne des Aristoteles bejahend beantworten müssen. In gleicher Weise wird die Frage auch entschieden in der Schrift über die Bewegung der Thiere[3]), mit den Worten: „Es braucht die Seele nicht in jedem Theile des Körpers zu sein, sondern wenn sie in einem centralen Theile des Körpers ($\check{\varepsilon}\nu$ $\tau\iota\nu\iota$ $\dot{\alpha}\varrho\chi\tilde{\eta}$ $\tauο\tilde{\upsilon}$ $\sigmaώ$-$\mu\alpha\tauο\varsigma$) ist, verrichten die übrigen Theile in Folge ihres Zusammenhanges mit dem centralen Theile ihre Functionen nach der in ihnen angelegten Natur."

Ist nun, wie es scheint, hinlänglich dargethan, dass das Herz nach Aristoteles nicht das erste Organ der Wahrnehmung ist, insofern dieses mit dem Substrate der Seele dem Subjecte nach identificirt wird, so bleibt noch die im Anfange unserer Darlegung angegebene Ansicht möglich, dass Aristoteles unter dem ersten Organe der Wahrnehmung einen von dem unmittelbaren Substrate der Seele nicht allein dem Begriffe, sondern auch dem Subjecte nach verschiedenen, aber dasselbe unmittelbar berührenden Körpertheil verstehe, der die Affectionen der einzelnen Sinnesorgane zuletzt in sich aufnehme und mit der Seele vermittle, und dass er als diesen Körpertheil das Herz setze. Gehen wir von der, allerdings

---

[1]) Part. An. III, 4. 666 a 13.
[2]) An. II, 1. 413 a 8.
[3]) Mot. An. 10. 703 a 36.

durch nichts begründeten, Annahme aus, dass Aristoteles das Centralorgan der Wahrnehmung wirklich in diesem Sinne fasse, so fehlt es auch hier zunächst an jedem directen Ausspruche, dass das Herz das so verstandene Centralorgan sei. Die einzigen Aussprüche, die man anführen könnte, sind die schon angeführten aus der Schrift über die Theile der Thiere. Wie dieselben nicht beweisend waren dafür, dass Aristoteles das Herz als solches für das erste Organ der Wahrnehmung im Sinne des ersten Substrates der Seele halte, so sind sie auch nicht beweisend dafür, dass ihm das Herz als solches das erste Organ der Wahrnehmung sei im Sinne eines von jenem Substrate verschiedenen Körpers. Denn es steht ihnen gegenüber die grosse Menge der Stellen, in denen das Herz immer nur als der Ort des Centralorgans der Wahrnehmung, nicht aber selbst als dieses Organ bezeichnet wird.

Allein abgesehen von dem gänzlichen Mangel an directen Aussprüchen ist auch leicht ersichtlich, dass dem Aristoteles das Herz bei der Ansicht, die er von dessen Gestalt und stofflicher Zusammensetzung hatte, kaum als erstes Organ der Wahrnehmung gelten konnte. Er beschreibt das erste Organ der Wahrnehmung als den gemeinsamen Theil (τὸ κοινὸν μόριον) aller einzelnen Organe [1]). Darin liegt die Anschauung, dass das Centralorgan nicht etwa bloss ein Körper sei, bis an welchen die einzelnen Organe reichen, sondern dass es selbst einen wirklichen noch Grösse habenden Theil der einzelnen Organe, des Gesichtsorganes, des Gehörorganes u. s. w. bilde. Dieselbe Anschauung liegt auch in dem Ausdrucke, dass in dem Centralorgane die einzelnen Organe zusammentreffen (συντείνειν) [2]), was in diesem Zusammenhange nichts Anderes heissen kann, als dass sie in ihm zu einem numerisch einheitlichen Organe zusammengehen. Der grosse vielfach unterbrochene und gegliederte Herzkörper kann diese Anschauung schwerlich gewähren. Die Vorstellung, dass die Affectionen oder Wahrnehmungsbilder der ein-

---

[1]) Somn. 2. 455a 19. Vergl. Vit. 1. 467b 28; 3. 469a 12; und oben S. 84.

[2]) Somn. 2. 455a 33; Vit. 3. 469a 13; 1. 467b 29.

zelnen Organe bei ihrem Eintritte in den Herzkörper ihre
Isolirung verlieren und in ihm sich gleichsam durchdringen,
ist schwer zu vollziehen, aber unter der gegebenen Voraussetzung nothwendig. Denn bleiben dieselben im Herzen iso-
lirt, so ist das Herz nicht der gemeinsame Theil der einzelnen Sinnesorgane, sondern nur der gemeinsame Ort, durch
welchen sie zuletzt hindurchgehen.

Aristoteles bezeichnet ferner das erste Organ der Wahrnehmung als dasjenige, durch welches die Seele Alles
wahrnimmt ($\tilde{\dot{\psi}}$ αἰσϑάνεται πάντων)[1]. Alle einzelnen Sinnesorgane sind einfache gleichtheilige Körper, die ihrer elementaren Beschaffenheit nach fähig sind, die sinnlichen Qualitäten rein in sich aufzunehmen. Ein solcher Körper ist für
den Gesichtssinn das durchsichtige Wasser, für welches in
Rücksicht auf die Durchsichtigkeit auch die Luft eintreten
könnte, für den Gehörsinn die Luft, für den Geruchssinn das
Wasser und die Luft. Auch das Centralorgan wird seiner
stofflichen Form nach so beschaffen sein müssen, dass es fähig ist, alle sinnlichen Qualitäten in sich aufzunehmen; und
da es der gemeinsame Theil aller einzelnen Organe ist,
so wird es seiner stofflichen Form nach ein solcher Körper
sein müssen, der die Eigenschaften des Wassers und der Luft
und des Substrates des Geschmacks- und Gefühlsorganes in
sich vereinigt. Für einen solchen Körper konnte Aristoteles
sicher nicht den Herzkörper halten. Er sagt zwar an einer
früher angeführten Stelle in dem Werke über die Theile der
Thiere[2], das Herz sei seiner Zusammensetzung nach gleichtheilig, insofern es die Fähigkeit habe, alle sinnlichen Qualitäten in sich aufzunehmen; aber wir haben schon gesehen,
wie diese Stelle zu beurtheilen ist. Es ist demnach wohl unzweifelhaft, dass dem Aristoteles das Herz auch nicht in dem
Sinne eines von dem Substrate der Seele verschiedenen Körpers das Centralorgan der Wahrnehmung sein kann.

Nach diesen Ausführungen lässt sich nun schliesslich
auch das Verhältniss des Centralorgans der Wahrnehmung

---

[1] Somn. 2. 455 b 10.
[2] Part. An. II, 1. 647 a 24.

zu dem ersten Substrate der Seele im Sinne des Aristoteles bestimmen. Es besteht kurz darin, dass beide dem Subjecte nach identisch und nur dem Begriffe nach verschieden sind. Dass es nach der Anschauung, die Aristoteles von der Seele hat, so sein muss, bedarf kaum eines Nachweises. Die Seele als blosse Form ist nicht an sich, sondern nur per accidens afficirbar dadurch, dass das ihr zu Grunde liegende Substrat afficirt wird. Sie gelangt daher auch zur Wahrnehmung der sinnlichen Qualitäten nur durch die Vermittelung ihres Substrates. Der Vorgang wurde früher [1]) schon kurz angedeutet. Es ist zunächst nur das Substrat der Seele, welches von den sinnlichen Qualitäten afficirt wird und sie in sich aufnimmt. Indem es dieselben aber in sich aufnimmt, verhält es sich vermöge der ihm immanenten Form, der Seele, deren Sein oder eigenthümliche Bethätigungsform eben im Wahrnehmen und Wissen besteht, so, dass es dieselben nicht in der Weise einer materiellen Affection in sich, sondern objectiv sich gegenüber hat, d. h. sie wahrnimmt und vorstellt. Betrachten wir nun die Seele in diesem Vorgange für sich, so sind zugleich zwei Dinge klar, zuerst, dass die Seele als die dem Substrate immanente Form das Princip ist, durch welches jenes bei der Affection durch die sinnlichen Qualitäten diese nicht in materieller Weise, sondern in der Weise objectiver Wahrnehmung in sich hat, dass es also nur wahrnehmend ist durch die Seele; dann aber eben so, dass die Seele nur in Folge der beschriebenen Affection des ihr zu Grunde liegenden Substrates der Actualität nach das wird, was sie ohne dieselbe nur der Potenz nach ist, nämlich wahrnehmend, dass also ihre ἐνέργεια nicht ohne eine ἐνέργεια ihres Substrates möglich ist. Zugleich ist damit ausgesprochen, dass die Seele beim Acte des Wahrnehmens nicht leidend ist, sondern dass sie nur in Folge des Leidens ihres Substrates in Bezug auf eine bestimmte Potenz actual wird [2]). Verhält sich dieses aber so, so ist das erste Substrat der Seele nothwendig auch das

---

[1]) S. 98.
[2]) Vgl. An. III, 7. 431 a 4—7.

erste Organ der Wahrnehmung, durch dessen Vermittelung
sie Alles wahrnimmt, — ‚$\ddot{\tilde{\omega}}$ $\alpha i\sigma\vartheta\acute{\alpha}\nu\varepsilon\tau\alpha\iota$ $\pi\acute{\alpha}\nu\tau\omega\nu$'.

Dass dieses nun auch wirklich die Ansicht des Aristoteles sei, lässt sich freilich nicht durch einen directen
Ausspruch desselben beweisen; denn er gebraucht die betreffenden Ausdrücke, wie es eben der Gegenstand der Untersuchung erfordert, ohne das Verhältniss derselben zu einander ausdrücklich anzugeben. Aber es ergibt sich mit voller
Bestimmtheit aus der Vergleichung solcher Stellen, von denen
in der einen dem einen, in der andern dem andern dieselbe
eigenthümliche Eigenschaft zugeschrieben wird.

In der Schrift über die Seele [1]) definirt Aristoteles das
Organ der Wahrnehmung überhaupt als dasjenige, welchem
das Vermögen zukommt, die sinnlichen Qualitäten ohne deren
Materie in sich aufzunehmen. In der Schrift über die Theile
der Thiere [2]) heisst es: „derjenige körperliche Theil, welcher
zuerst das Princip der Wahrnehmung, Bewegung und Ernährung in sich hat, muss, insofern er das Vermögen hat,
alle sinnlichen Qualitäten in sich aufzunehmen ($\ddot{\eta}$ $\mu\acute{\varepsilon}\nu$ $\dot{\varepsilon}\sigma\tau\iota$
$\delta\varepsilon\varkappa\tau\iota\varkappa\grave{o}\nu$ $\pi\acute{\alpha}\nu\tau\omega\nu$ $\tau\tilde{\omega}\nu$ $\alpha i\sigma\vartheta\eta\tau\tilde{\omega}\nu$), aus gleichtheiligen Theilen
bestehen"; — und darin ist unmittelbar der Satz ausge-
sprochen, dass das erste Substrat der Seele in sich das Vermögen habe, die sinnlichen Qualitäten in sich aufzunehmen.
Verbinden wir diesen Satz mit der obigen Definition des Organes, so ergibt sich der Schlussatz, dass das erste Substrat der Seele Organ der Wahrnehmung sei, und dann
weiter, da es vor dem ersten Substrate der Seele kein frü-
heres Organ der Wahrnehmung geben kann, dass es das
erste Organ der Wahrnehmung sei. Damit ist die Sache
principiell schon entschieden; aber es erscheint angemessen, sie auch noch mehr im Einzelnen zur Anschauung zu
bringen.

Der Schlaf, sagt Aristoteles, ist ein Zustand desselben
Princips, mit dem wir wahrnehmen, und zwar des ersten
wahrnehmenden Princips, des $\pi\varrho\tilde{\omega}\tau o\nu$ $\alpha i\sigma\vartheta\eta\tau\iota\varkappa\acute{o}\nu$, bestehend

---

[1]) An. II. 12. 424a 24. Vgl. III, 2. 425b 22.
[2]) Part. An. II, 1. 647a 27.

in einer Fesselung der diesem Princip zukommenden Wahrnehmungsfähigkeit [1]). Das Wort ,πρῶτον αἰσθητικὸν' bezeichnet an dieser Stelle nicht das Wahrnehmungsvermögen im
abstracten Sinne, sondern, seiner eigentlichen früher entwickelten Bedeutung gemäss, zugleich das dieses Vermögen
in sich habende Subject oder Substrat, kurz also die wahrnehmende Seele und ihr Substrat als ein zur Einheit verbundenes Ganzes. Es geht dieses namentlich auch daraus
hervor, dass an derselben Stelle [2]) die Wahrnehmung als eine
der Seele und dem Körper gemeinsame Thätigkeit bezeichnet wird. Bald nachher aber [3]) wird der Schlaf definirt als die
Unfähigkeit der Bethätigung in dem **ersten Organe der
Wahrnehmung**, mit dem wir Alles wahrnehmen. Nennt
aber Aristoteles den Schlaf gleichmässig die Fesselung der
Wahrnehmungsfähigkeit in dem **ersten** diese Fähigkeit in
sich habenden **Subjecte oder Substrate** und in dem
ersten Organe der Wahrnehmung, so folgt, dass ihm das
erste Organ der Wahrnehmung mit dem ersten Subjecte oder
Substrate der Seele der Sache nach identisch ist.

Ferner, der Traum und die Traumbilder gehören demselben Princip an, wie der Schlaf [4]); sie sind also, da der
Schlaf eine Affection des ersten Organes der Wahrnehmung
ist, ebenfalls in diesem Organe. Das Princip, in welchem die
Traumbilder sind, ist aber identisch mit dem ,φανταστικόν' [5]),
d. h. mit dem Principe, in welchem sich die durch die Wahrnehmung entstandenen Vorstellungen befinden. Also befinden
sich auch alle durch die Wahrnehmung entstandenen Vorstellungen in dem ersten Organe der Wahrnehmung — wie auch,
um dieses nebenher hinzuzufügen, die Auffassung der den
Einzelsinnen gemeinsamen Objecte als solcher, der Grösse,
Bewegung, Zeit u. s. w., die Wahrnehmung der Verschiedenheit der einzelnen Warnehmungen und das Wahrnehmen des

---

[1]) Somn. 1. 454a 4; 22; b 9.
[2]) Somn. 1. 454a 7.
[3]) Das. 2. 455b 8.
[4]) Insomn. 1. 459a 11—14.
[5]) Das. 15—22.

Wahrnehmens selbst [1]), das Gedächtniss und die Erinnerung [2]). Nun bezeichnet aber Aristoteles an einer andern Stelle [3]) die Vorstellungen (Phantasmata) als Bilder, die durch die Wahrnehmung der Seele und dem die Seele in sich habenden körperlichen Theile eingeprägt seien. Wenn aber Aristoteles von den Vorstellungen bald sagt, dass sie in dem ersten Organe der Wahrnehmung, bald, dass sie in dem die Seele in sich habenden körperlichen Theile, d. h. in dem ersten Substrate der Seele sind, so setzt dieses die Ansicht voraus, dass das erste Organ der Wahrnehmung mit dem ersten Substrate der Seele identisch sei.

Ueberhaupt kann an jeder Stelle, wo von dem ersten Organe der Wahrnehmung die Rede ist, statt dessen das erste Substrat der Seele eingesetzt werden; an jeder Stelle werden sie sich als dem Subjecte nach identisch und nur dem Begriffe nach verschieden erweisen. Erst mit dieser Bestimmung des Centralorgans kommt volle Uebereinstimmung in die psychologischen Lehren des Aristotetels und sie gewinnen durch sie eine bis zur Anschaulichkeit entwickelte Klarheit.

---

[1]) Somn. 2. 455a 15.
[2]) Mem. 1. 450a 9; 451a 16.
[3]) Mem. 1. 450a 27.

V.

Zuletzt ist noch die Frage zu behandeln, wodurch nach Aristoteles die Vermittelung zwischen den äusseren Sinnesorganen und dem Centralorgane im Herzen bewirkt werde. Baeumker gelangt (S. 87 ff.) durch die Combination mannigfacher Aussprüche zu der auch von Andern vertheidigten Meinung, dass Aristoteles jene Vermittlung dem aus dem Herzen entspringenden und durch die Adern mit den äussern Organen in Verbindung stehenden Blute zuschreibe. Die Gründe, welche er für diese Meinung anführt und welche auch allein angeführt werden können, sind diese drei: zuerst die Behauptung des Aristoteles, dass kein blutloser Theil des Körpers empfindungsfähig sei; dann die zweifache Behauptung, dass alle äussern Organe mit dem Centralorgane im Herzen in Verbindung stehen müssen und dass von jedem äussern Organe Adern zum Herzen gehen, wodurch die Vermuthung möglich wird, dass diese Adern jene geforderte Verbindung darstellen; endlich die Beschreibung der Vorganges bei der Entstehung des Traumes (Insomn. c. 3), in welcher direct die Vermittelung der in den äussern Organen vorhandenen Affectionen mit dem Centralorgane dem Blute der Adern zugeschrieben zu werden scheint.

Wenn man diese drei Punkte in ihrem Zusammenhange rein für sich betrachtet, so wird man kaum zu einer andern Meinung kommen können, als zu der so eben ausgesprochenen. Dieselbe wird aber sofort im höchsten Grade zweifelhaft, sobald man sie in Verbindung bringt mit der Aristotelischen Ansicht von der Natur der Sinnesorgane und von dem Verhältnisse der einzelnen Organe zum Centralorgane und dabei namentlich die Frage in Betracht zieht, in welcher Weise durch das Blut der von den äussern Organen zum Herzen gehenden

Adern die Fortleitung der in den äussern Organen vorhandenen
Affectionen, sinnlichen Qualitäten, Wahrnehmungsbilder zum
Centralorgane etwa geschehen könne. Baeumker führt, so wie
auch Kampe in seiner Erkenntnisstheorie des Aristoteles, als die
zwei möglichen Arten dieser Fortleitung die Fortleitung durch
eine qualitative Veränderung des Blutes und die rein mechanische Fortbewegung an; und diese beiden sind, allgemein
betrachtet, in Wahrheit auch die einzigen Möglichkeiten. Er
will indess die Frage, welche von diesen beiden Möglichkeiten
von Aristoteles angenommen werde, unentschieden lassen,
weil es darüber bei dem Philosophen an allen Andeutungen
fehle; — mit Recht, wenn es feststeht, dass Aristoteles wirklich dem Blute die fragliche Vermittlung zuschreibt; mit Unrecht, wenn dieses noch zweifelhaft ist und wenn vielleicht
die Einsicht in das Wie der Vermittelung zur Entscheidung
über das Ob beitragen kann.

Es muss aber sofort noch eine andere Bemerkung eingeschaltet werden. Sowohl Baeumker als Kampe sprechen
in Uebereinstimmung mit ihrer Ansicht, dass den äusseren
Sinnesorganen wenigstens relative Selbständigkeit zukomme
und dass in ihnen selbst unmittelbar die actuelle Wahrnehmung sich vollziehe, von einer Fortbewegung der
Wahrnehmungen von den äusseren Organen zum Centralorgane. Die Fortbewegung oder Fortleitung einer Wahrnehmung, d. h. einer von dem wahrnehmenden Princip
oder der Seele schon geschehenen Auffassung eines wahrnehmbaren Inhalts zu dem Centralorgane hat wohl kaum
einen rechten Sinn. Denn entweder ist es die eine wahrnehmende Seele, welche die in den äussern Organen vorhandenen Affectionen oder Bilder wahrnimmt — wie sie immer
zu dieser Wahrnehmung gelangen möge —; und dann hat sie
als ein und dasselbe untheilbare Princip diese Wahrnehmungen schon in sich und zieht sie gleichsam durch sich selbst in
ihr wahrnehmendes Centrum, und von einer Vermittlung durch
ein Organ kann nun nicht mehr die Rede sein. Oder das
wahrnehmende Princip in den einzelnen Organen ist von der
im Centralorgane befindlichen Seele, also, um mich so auszu-
drücken, von der Centralseele in irgend einer Weise ver-

schieden und geschieden; dieses aber steht einerseits in absolutem Widerspruche mit der Aristotelischen Lehre von der Einheit des wahrnehmenden Princips und involvirt ausserdem noch eine andere Schwierigkeit. Die Wahrnehmung ist nur Wahrnehmung dadurch, dass ein wahrnehmbarer Inhalt von dem wahrnehmenden Princip aufgefasst wird; daraus folgt, dass, wenn Wahrnehmungen als solche von den äussern Organen zu dem Centralorgane fortbewegt werden sollen, das wahrnehmende Princip selbst sich fortbewegen und mit dem Centrum gleichsam sich verschmelzen muss, dass aber, wenn das wahrnehmende Princip nicht selbst in diese Fortbewegung eingeht, nur der wahrgenommene Inhalt, das objectiv in einem äussern Organe vorhandene Wahrnehmungsbild fortbewegt wird. Daraus ist aber klar, dass es sich nicht um die Vermittelung der in den äussern Organen schon vorhandenen Wahrnehmungen, sondern nur der in ihnen vorhandenen Affectionen oder wahrnehmbaren Bilder mit dem Centralorgane handeln kann, dass also die Vermittelung nicht nach der Wahrnehmung jener Bilder, sondern vor derselben und zum Zwecke derselben. geschieht [1]). Wir gehen nun näher auf die Annahme, dass diese Vermittlung durch das Blut geschehe, ein.

Die erste in dieser Annahme liegende Schwierigkeit zeigt sich, wenn wir den rein örtlichen Zusammenhang der von den äussern Organen fortgehenden Adern mit dem Centralorgane in Betracht ziehen. Das Centralorgan, sagt Aristoteles ausdrücklich, ist der gemeinsame Theil aller einzelnen Organe. Nun münden aber alle Adern, auch die von den äussern Organen kommenden, in den Herzkammern. Die Herzkammern sind der gemeinsame Theil aller Blutgefässe, und das in ihnen befindliche Blut der gemeinsame Theil des gesammten Blutes; folglich wird man bei obiger Annahme zu dem Schlusse gelangen, das in der Herzkammer, speciell, das in der mittleren Herzkammer befindliche Blut sei das Centralorgan der Wahrnehmung. Dieses widerspricht aber der ausdrücklichen unten noch zu besprechenden Behauptung des

---

[1]) Vgl. Insomn. 3. 461 a 30 ff.

Aristoteles, dass das Blut nicht empfindungsfähig (αἰσϑητικόν), d. h. zum Organe der Wahrnehmung nicht fähig sei. Indess diese Schwierigkeit liesse sich vielleicht noch beseitigen durch die Annahme, dass das im Herzen befindliche Blut nicht selbst das letzte Organ der Wahrnehmung sei, wohl aber mit diesem Organe, mag dieses nun der Herzkörper oder irgend ein körperliches Princip im Herzen sein, unmittelbar in Berührung stehe.

Viel grösser erscheinen die Schwierigkeiten bei der Frage, in welcher Weise, durch welchen innern Vorgang die Vermittelung der in den äussern Organen vorhandenen Affectionen oder Bilder mit dem Centralorgane vom Blute bewirkt werde. Wir haben schon oben angegeben, dass dieselbe nur in einer zweifachen Weise, nämlich entweder durch eine qualitative Veränderung des Blutes, oder durch eine rein mechanische Fortleitung in demselben geschehen könne. Wir betrachten zuerst die erste Weise, um so mehr, weil dieselbe am meisten mit der ganzen Lehre des Aristoteles in Uebereinstimmung steht, und suchen klar zu machen, wie dieselbe nach seinen Principien gedacht werden müsse.

Wir gehen wieder aus von der oben angeführten Behauptung des Aristoteles, dass das Centralorgan der gemeinsame Theil aller einzelnen Organe sei. Soll dieses so verstanden werden wie es gesagt ist, so ist das Centralorgan, wie früher schon bemerkt wurde, nicht bloss der Endpunkt aller einzelnen Organe, sondern ein wirklicher noch Grösse habender Theil derselben. Darin ist die Anschauung ausgesprochen, dass jedes Sinnesorgan von seinem peripherischen Anfange bis zum Centralorgane ein ununterbrochenes Ganzes bilde, welches in jedem seiner Theile die Natur des Organes habe. Es würde demnach auch das Blut der von den äussern Organen zum Centralorgane gehenden Adern, wenn es der Annahme nach das zwischen beiden vermittelnde Glied ist, ein Theil des ganzen Organs sein und deshalb an der specifischen Natur des Organs Theil nehmen; und daraus würde folgen, dass es die Vermittelung der im äussern Organe vorhandenen Modificationen oder Bilder in der Weise des Organs selbst, also dadurch vollziehe, dass es dieselben in der Weise des äussern Organs in sich aufnehme und fortleite.

Es ist nun eine fundamentale Ansicht des Aristoteles, welche mit seiner Ansicht über die Veränderung (ἀλλοίωσις) überhaupt in der engsten Verbindung steht, dass die Wahrnehmung der Objecte nicht dadurch geschehe, dass Ausflüsse von denselben, also in gewissem Sinne die Objecte selbst, in die Sinnesorgane eindringen, sondern dadurch, dass einerseits den Objecten vermöge ihrer sinnlichen Qualitäten die Fähigkeit zukommt, entweder unmittelbar oder durch die Vermittlung von Medien auf die Sinnesorgane einzuwirken, und dass anderseits die Organe vermöge ihrer eignen specifischen Natur die Fähigkeit haben, bei der Einwirkung der Objecte die'sinnlichen Qualitäten rein für sich und ohne Beimischung des Substrates in sich aufzunehmen, sich mit ihnen zu informiren, oder, anders ausgedrückt, dass sie sich vermöge ihrer specifischen Natur zu jenen sinnlichen Qualitäten verhalten, wie eine Potenz zu der ihr entsprechenden bestimmten Wirklichkeit. Demnach definirt Aristoteles die specifische Natur des Sinnesorgans als solchen als die demselben zukommende Fähigkeit, die sinnlichen Qualitäten für sich ohne Beimischung des ihm zu Grunde liegenden Materiellen, also in ihrer begrifflichen Reinheit in sich aufzunehmen [1]). Mithin würde das Blut unter der Voraussetzung, dass es an der specifischen Natur des Organs Theil nimmt, die in den äussern Organen vorhandenen sinnlichen Qualitäten oder Bilder dadurch zum Centralorgan fortleiten, dass es dieselben in der Weise der äussern Organe in sich aufnähme, sich fortschreitend bis zum Centralorgane mit ihnen informirte; und darin würde die oben genannte qualitative Veränderung bestehen.

Allein jene den Organen eigenthümliche Fähigkeit setzt nach der Lehre des Aristoteles eine bestimmte elementare Form des betreffenden Organs voraus, welche verschieden ist je nach der Verschiedenheit der aufzunehmenden sinnlichen Qualitäten. Um nur von den Kopfsinnen zu reden, die vornehmlich in Betracht kommen, so ist das Organ für die Qualitäten des Lichtes und der Farbe seiner elementaren

---

[1]) Vgl. An. II, 12. 424a 17 u. 24.

Form nach nothwendig Wasser oder Luft, für die Qualität des Tones Luft, für die Qualität des Geruches wieder Luft und Wasser. Nun ist aber das Blut weder Wasser noch Luft, wenn es auch beide Elemente gemischt in sich enthält. Folglich scheint dem Blute die Fähigkeit, die sinnlichen Bilder in der Weise des Organs in sich aufzunehmen und fortzuleiten, nach der Consequenz der Aristotelischen Lehre nicht zukommen zu können. Ferner, Aristoteles lehrt [1]), dass von den Qualitäten des Lichtes, des Tones und des Geruches als solchen nur das einer jeden entsprechende Sinnesorgan afficirt werden kann, andre Theile des Körpers aber nur insofern, als dem Substrate jener Qualitäten noch andere rein körperliche Eigenschaften, wie Bewegung, Schwere, Härte, zukommen. Das Blut, diese überall gleichartige Masse, ist aber nach dem Vorigen nicht das specifische Organ für eine der genannten Qualitäten; es kann also, wie es scheint, von diesen Qualitäten nicht in der Weise des Organs afficirt werden, sie nicht in dieser Weise aufnehmen und fortleiten.

Endlich sagt Aristoteles ausdrücklich [2]), dass nicht das Blut, sondern etwas von dem aus dem Blute Entstandenen empfindungsfähig sei; — „ἔστι δ' οὔτ' ἄναιμον οὐδὲν αἰσθητικόν, οὔτε τὸ αἷμα, (οὐδὲν γὰρ τοῦ ζῴου μόριον, wie bald darauf zur Begründung hinzugefügt wird) ἀλλὰ τῶν ἐκ τούτου τι." Der Ausdruck, das Blut sei nicht αἰσθητικόν, bedeutet hier nicht, das Blut sei nicht ein empfindungsfähiges Subject, sondern, wie aus dem Zusammenhange hervorgeht, es sei nicht ein zur Vermittelung der Empfindung oder Wahrnehmung taugliches Organ. Denn αἰσθητικὸν bezeichnet, in Uebereinstimmung mit einer Aristotelischen Darlegung über ähnliche Adjective [3]), nicht bloss dasjenige, was als Subject die Wahrnehmungsfähigkeit in sich hat, sondern auch dasjenige, was ein zur Hervorbringung der Wahrnehmung erforderliches oder geeignetes Mittel ist. Durch

---

[1]) An. II, 12. 424 b 3 ff.
[2]) Part. An. II, 10. 656 b 20. Vgl. III, 4. 666 a 16. II, 5. 651 b 4.
[3]) Met. IV, 2. 1003 a 33 ff.; XI, 3. 1060 b 36 ff.

die Worte: „etwas von dem aus dem Blute Entstandenen" werden aber die wirklichen Sinnesorgane bezeichnet, sowohl das Centralorgan als die einzelnen Organe, welche gleich allen Körpertheilen, wie unten noch weiter gezeigt werden wird, ihrem Substrate nach sowohl ursprünglich aus dem Blute entstehen als auch sich fort und fort von dem Blute ernähren, und erneuern. Denn obschon dieselben einfach als Wasser und Luft bezeichnet werden, so sind sie doch nicht mit den so genannten elementaren Körpern identisch, sondern sie sind höher formirte einen bestimmten Zweck in sich tragende Gebilde, welche der Natur oder der vegetativen Seele des Erzeugers ihre erste Entstehung, der vegetativen Seele des individuellen Thieres ihre fortwährende Erneuerung und Erhaltung verdanken.

Aus allem diesem geht hervor, dass das Blut der von den äussern Sinnesorganen zum Herzen gehenden Adern nach der Consequenz der Aristotelischen Lehre nicht in der Weise der Organe selbst die sinnlichen Bilder in sich aufnehmen und zum Centralorgane fortleiten kann. Wenn wir aber das Gesagte streng fassen, so liegen in ihm noch die Prämissen zu einem andern wichtigeren Schlusse. Wir sagten, in der stricten Auffassung der Behauptung des Aristoteles, dass das Centralorgan der gemeinsame Theil aller einzelnen Organe sei, liege die Anschauung, dass jedes Organ ein ununterbrochenes Ganzes bilde, von dem jeder Theil an der specifischen Natur des Organs als solchen Theil nehme. Nun hat sich aber herausgestellt, dass das Blut der von den äussern Organen zum Herzen gehenden Adern an der specifischen Natur des Organs nicht Theil nimmt. Sind diese Prämissen im Sinne des Aristoteles richtig, so folgt, dass das Blut der von den einzelnen Organen zum Herzen gehenden Adern nicht einen Theil der Organe bildet, also überhaupt nicht zu den Organen als solchen gehört. Ehe wir indess diesen Gedanken weiter verfolgen, müssen wir noch die zweite mögliche Weise der Vermittelung durch das Blut in Erwägung ziehen.

Als die zweite mögliche Weise, in der die Vermittelung des im äussern Organe vorhandenen sinnlichen Bildes mit dem Centralorgane durch das Blut der Adern sich vollziehen könnte, bezeichneten wir im Anfange die rein mechanische Fortbewegung jenes Bildes. Dass bei der Annahme einer solchen Vermittlung die in sich einheitliche und gleichartige Natur des Organs als solche aufgehoben ist, braucht kaum bemerkt zu werden. Es fragt sich nun, in welcher Weise jene rein mechanische Fortbewegung des in dem äussern Organe vorhandenen sinnlichen Bildes, z. B. des Bildes eines grünen Blattes, durch das Blut gedacht werden könne.

Da das Bild nicht für sich allein, sondern nur in dem Organe als seinem Substrate existirt, so kann es nicht für sich allein und ohne Substrat durch das Blut fortgeleitet werden. Die einzige mögliche Weise einer solchen Fortleitung würde die sein, dass sich das Blut selbst fortschreitend mit diesem Bilde in der Weise des Organs informirte, eine Weise, die vorher als unzulässig erschien. Denn die Fortleitung des Bildes in der Weise einer bloss räumlichen durch das Blut sich fortsetzenden Bewegung von einer bestimmten Form zu fassen, die nach unsern jetzigen Begriffen auf der Hand liegt, verbietet die qualitative Natur des im Organe vorhandenen sinnlichen Bildes. Es bleibt also nur übrig, dass sich das in dem Organe vorhandene Bild in einem Substrate durch das Blut fortbewege; welche Art der Fortbewegung Kampe in seiner „Erkenntnisstheorie des Aristoteles" annimmt.

Dieses Substrat könnte selbstverständlich nur ein Theil des äussern Organs selbst sein. Man mag nun auf einen Augenblick die durch nichts unterstützte Annahme machen, dass sich bei jeder actualen Wahrnehmung ein Theilchen, welches das jedesmalige Wahrnehmungsbild in sich habe, von dem Organe selbst loslöse; man mag davon absehen, dass durch diese Annahme die Lehre von den Ausflüssen, die Aristoteles consequent bekämpft, auf das Innere des Organs angewandt wird, und nur in Erwägung ziehen, wie die Fortbewegung des das Wahrnehmungsbild in sich habenden Theilchens in dem Blute geschehen soll. Wenn Kampe in der bezeichneten Schrift (S. 99) meint, dass die Beförderung der Wahrnehmungen (sic) mit ihren Substraten durch das Blut hinlänglich verständlich sei, wenn nur ein fortwäh-

render Rücklauf des Blutes zu dem Herzen Statt finde, dieselben also nicht gegen den Strom zu schwimmen brauchen,
so lässt er einen wesentlichen Punkt unberücksichtigt. Es
ist sicher, dass Aristoteles ein Auf- und Abwogen des Blutes
vom Herzen in die Adern und zurück annimmt; aber eben
so sicher ist es, dass er von dem Kreislauf des Blutes, wie C. B.
Meyer in „Aristoteles Thierkunde" S. 425 richtig sagt, keine
Ahnung hatte. Es bleibt daher wenigstens fraglich, ob das Auf-
steigen und der Rücklauf des Blutes in denselben Gefässen
immer und in jedem Momente gleichzeitig sei. Aber mag der
Rücklauf auch ein continuirlicher sein, die Beförderung der
Wahrnehmungsbilder kann er nicht erklären. Die Wahrnehmung
ist schnell, sagt Aristoteles [1]); und so schnell man auch den
Rücklauf des Blutes setzen mag, die Schnelligkeit der Wahrnehmung wird er nie erreichen. Und schliesslich, wenn nun
das Wahrnehmungsbild mit seinem Substrate beim Centralorgane angelangt ist, was soll aus dem Substrate werden?
— Soll es sich auflösen in das Centralorgan oder in das Blut,
oder soll es zurückkehren? Doch es erscheint unnöthig,
eine Annahme noch weiter zu verfolgen, die in sich so wenig
wahrscheinlich ist, die in den Aeusserungen des Aristoteles
keinen Anhalt hat und mit seiner ganzen Anschauungsweise
so wenig übereinstimmt.

Fassen wir alles Gesagte zusammen, so ist dieses klar:
Wenn wir bei der Annahme, dass das Blut der von den äusseren Sinnesorganen zum Herzen gehenden Adern die in den
äussern Organen vorhandenen Affectionen oder sinnlichen Bilder
mit dem Centralorgane vermittele, nach der Art und Weise,
nach dem innern Vorgange dieser Vermittelung fragen, so werden wir bei allen als möglich gesetzten Vermittelungsweisen zu
Resultaten geführt, die mit der Lehre des Aristoteles von der
Natur der Sinnesorgane und von der Entstehung der Wahrnehmung schwer oder gar nicht in Einklang zu bringen sind.
Dadurch wird aber jene Annahme selbst mindestens zweifelhaft. Es ist deshalb erforderlich, die Gründe der Annahme
selbst einer Betrachtung zu unterziehen.

---

[1]) Insomn. 2. 460a 24.

Was zuerst das Blut angeht, so schreibt Aristoteles demselben nirgends einen **directen Antheil** an dem Wahrnehmungsprocesse zu; er sagt vielmehr, wohl in Rücksicht auf die Ansicht des Empedokles, ausdrücklich, dass das Blut als solches nicht *αἰσθητικὸν* sei, d. h., wie wir vorhin (S. 116) gesehen haben, dass es weder Substrat noch Organ der Wahrnehmung sein könne. Welche Bedeutung ihm das Blut für die Wahrnehmung hat, spricht er deutlich genug aus in zwei Behauptungen, die sich gegenseitig erklären, nämlich in der Behauptung, dass nicht das Blut, sondern etwas von dem **aus dem Blute Entstehenden** (*τῶν ἐκ τούτου — τοῦ αἵματος — τι*), d. h. gewisse aus dem Blute entstehende Gebilde, Substrat und Organ der Wahrnehmung seien, und in der Behauptung, dass kein blutloser Theil Substrat und Organ der Wahrnehmung sei, sondern dass die Wahrnehmung nur entstehe **durch Vermittelung** von blutversehenen Theilen (,,*διὰ τῶν ἐναίμων μορίων*')[1]); was nicht heisst, wie Baeumker (S. 87) meint, dass die bluthaltigen Theile **mit Empfindung versehen sind.**

Unter jenen aus dem Blute entstandenen Gebilden, die als Substrat und Organ der Wahrnehmung bezeichnet werden, sind zweifellos die Organe der Wahrnehmung schlechthin, das Centralorgan und die einzelnen Sinnesorgane zusammen, verstanden. Denn diese sind gleich allen Körpertheilen sowohl ursprünglich aus Blut entstanden, als auch bedürfen sie fortwährend, und zwar mehr als die übrigen Theile, der Ernährung durch das Blut, um sich zu erhalten und functionsfähig zu sein. ,,Bei der Entwicklung des Fötus'', sagt Aristoteles, ,,bildet die Natur **aus dem reinsten Stoffe** (und dieser ist ja in letzter Instanz Blut) das Fleisch und die Körper der übrigen Sinnesorgane, aus dem Reste die Knochen, Sehnen u. s. w.''[2]); und behauptet speciell in Bezug auf die Augen, dass sie sich bilden aus der reinsten Absonderung der zur Gehirnhaut gehenden Blutgefässe[3]). In Bezug auf die **Ernährung** der Organe heisst

---

[1]) Part. An. II, 10. 656 b 19—22 u. 25; III, 4. 666 a 16; II, 5. 651 b 3—8.
[2]) Gen. An. II, 10. 744 b 11—16; 22—26.
[3]) Das. 744 a 8—11.

es an einer anderen Stelle: „Das warme Element (τὸ θερμόν), in welchem die vegetative Seele ihren Sitz hat, — d. h. das letzte Substrat und Organ der Seele überhaupt —, bedarf der Nahrung, wie die übrigen Theile, und noch mehr als sie" [1]). In gleichem Sinne wird, vielleicht mit Bezug auf die eben citirten Worte, in der Abhandlung über die Bewegung der Thiere [2]) gesagt: „Wodurch die Erhaltung des πνεῦμα σύμφυτον bewirkt wird, ist an anderer Stelle dargelegt". Ganz dasselbe behauptet Aristoteles von den einzelnen Sinnesorganen [3]). Nur deshalb, weil das Blut die fortwährende Nahrung der Sinnesorgane ist, hat die Beschaffenheit desselben, seine Mischung, seine Wärme, Feinheit, Reinheit, einen Einfluss auf die Beschaffenheit der Wahrnehmungsfähigkeit und selbst des Verstandes [4]); und deshalb werden die schärferen Sinnesorgane, die in den mit dem reinsten Blute versehenen Theilen des Körpers ihren Sitz haben, die Kopfsinne, eben hierdurch noch schärfer [5]).

Damit ist aber auch der Sinn der zweiten obigen Behauptung, dass kein blutloser Theil Organ der Wahrnehmung sein könne, vollständig klar geworden. Das Blut ist eben die n o t h - w e n d i g e B e d i n g u n g des ganzen organischen Lebens; ohne die fortwährende Berührung mit demselben und ohne die fortwährende Ernährung und Erneuerung durch dasselbe kann kein Organ, können namentlich die feinen und vielbeschäftigten Sinnesorgane sich nicht erhalten und ihr Werk vollziehen.

Was zweitens die von den einzelnen Sinnesorganen zum Herzen gehenden Adern angeht, so behauptet Aristoteles — abgesehen zunächst von dem 3. Capitel über den Traum, das besonders behandelt werden muss — nirgends, dass diese Adern und das in ihnen fliessende Blut d a s v e r m i t t e l n d e G l i e d zwischen den äusseren Organen und dem Centralorgane seien; was er direct behauptet, ist nur dieses, einerseits, dass alle äusseren Organe nothwendig in dem Centralorgane

---

[1]) Respir. 21. 480 a 16—18.
[2]) 10. 703 a 10.
[3]) Vgl. Part. An. II, 4. 651 a 12—17.
[4]) Part. An. II, 4. 650 b 18.
[5]) Part. An. II, 10. 656 b 3.

resp. im Herzen zusammentreffen, anderseits, dass alle äusseren
Organe in Verbindung stehen mit Adern, die von ihnen zum
Herzen gehen. Was aus diesen zwei Behauptungen geschlos-
sen werden kann und was nicht, hängt ab von dem Zusammenhange, in welchem sie an den betreffenden Stellen stehen,
und von ihrem Verhältnisse zu andern auf denselben Gegenstand bezüglichen Behauptungen.

Aristoteles verbindet in den kleinen naturwissenschaftlichen Schriften mit dem Nachweise der Nothwendigkeit eines
Centralorganes der Wahrnehmung die Behauptung, dass in
diesem alle einzelnen Organe zusammentreffen müssen [1]);
und mit dem Nachweise, dass dieses Centralorgan seinen Sitz
im Herzen haben müsse, die Behauptung, dass alle einzelnen
Organe mit dem Herzen in Verbindung stehen müssen [2]).
Diese Behauptung ist zunächst nur eine aus der Annahme
eines Centralorganes sich ergebende apriorische Folgerung,
und beruht nicht auf einer empirischen Thatsache. Er findet
aber eine empirische Bestätigung für diese Folgerung darin,
dass die Organe des Gefühls und Geschmackes (er meint hier
das Fleisch und die Zunge) sichtbar mit dem Herzen in Zusammenhang stehen. Denn von dieser Thatsache aus formu-
lirt er dem Sinne nach folgenden Schluss: „Alle einzelnen
Sinnesorgane müssen im Centralorgane zusammentreffen; die
Organe des Gefühls und Geschmacks stehen thatsächlich mit
dem Herzen in Verbindung; die Organe der drei Kopfsinne
können ihre Affectionen dem Herzen mittheilen, während jene
beiden Organe mit dem Orte der Kopfsinne ausser Zusammenhang stehen; folglich müssen auch die drei Kopfsinne
mit dem Herzen in Verbindung stehen" [3]). Von der Art
und Weise dieser Verbindung ist hier noch gar nicht die
Rede.

Es folgen zwei Stellen, in welchen diese Verbindung
den vom Herzen zu den Organen gehenden Adern zugeschrieben zu werden scheint. An der ersten Stelle, in der

---

[1]) Somn. 2. 455a 17—20 u. 33; Vit. 1. 467b 28.
[2]) Somn 2. 455b 34 ff. Vit. 3. 469a 10 ff.
[3]) Vit. a. a. O.

Schrift über die Theile der Thiere [1]), sagt Aristoteles zuerst: „dass der Anfang der Sinnesorgane in der Gegend des Herzens ist, ist früher in der Abhandlung über die ‚Wahrnehmung' auseinandergesetzt worden, ebenso, dass zwei von denselben, das Gefühls- und Geschmacksorgan, sichtbar mit dem Herzen in Verbindung stehen". Dann setzt er auseinander, dass die übrigen drei Sinnesorgane ihrer eigenthümlichen Natur wegen sich im Kopfe befinden. Endlich behauptet er, ohne alle sichtbare Beziehung auf den zuerst ausgesprochenen Gedanken, dass der Ursprung aller Sinnesorgane im Herzen sei, wörtlich [2]): „Aus den Augen nun führen die Kanäle (οἱ πόροι) in die Adern (εἰς τὰς φλέβας) um das Gehirn; eben so geht ein Kanal aus dem Ohre nach hinten eine Verbindung ein"; und fügt unmittelbar die Bemerkung hinzu: „Es kann aber weder ein blutloser Theil noch das Blut selbst Organ der Wahrnehmung sein, sondern nur ein aus diesem entstehendes Gebilde".

An der zweiten Stelle über die Zeugung der Thiere [3]) sagt Aristoteles, um die spätere Entstehung der Augen zu erklären: „Der Grund davon liegt darin, dass das Organ der Augen wie die übrigen Organe an Kanälen sich befindet (ἐπὶ πόρων ἐστίν). Das Gefühls- und Geschmacksorgan zwar sind von vornherein Körper des Thieres oder ein Theil des Körpers; Geruchs- und Gehörorgan aber sind Kanäle, die voll sind von eingewachsener Luft (σύμφυτον πνεῦμα), mit der äussern Luft zusammenstossen, und sich zu den aus dem Herzen kommenden Adern um das Gehirn erstrecken (περαίνοντες πρὸς τὰ φλέβια); die Augen, welche allein einen eigenen Körper haben, entstehen dadurch, dass sich aus der Feuchtigkeit um das Gehirn das Reinste absondert durch die Kanäle, welche von ihm sichtbar zu der Gehirnhaut führen (φέρουσι πρὸς τὴν μήνιγγα)."

Dieses sind nun die einzigen Stellen, in denen direct eine Verbindung der äusseren Sinnesorgane mit dem Herzen durch Adern behauptet wird. Denn einige Stellen aus den Thier-

---

[1]) Part. An. II, 10. 656a 27 ff.
[2]) Das. 656 b 16.
[3]) Gen. An. II, 6. 743b 32 ff.

geschichten, in denen in rein anatomischem Interesse gewisse zu den Organen fortgehende Adern erwähnt werden, kommen nicht in Betracht.

Die beiden Stellen scheinen beim ersten Anblicke einen ganz verschiedenen Zweck zu haben. In der letztern wird augenscheinlich den Adern und dem in ihnen fliessenden Blute nur die Aufgabe zugeschrieben, die Bildung und Ernährung der Organe zu vermitteln; sie werden in den Dienst der vegetativen, nicht der sensitiven Seele gestellt. In der ersteren scheint es sich anders zu verhalten. Allein in Wahrheit fehlt auch hier jede directe Andeutung, dass die Adern das vermittelnde Glied zwischen den äusseren Organen und dem Centralorgane seien; denn die beiden Behauptungen, dass der Ursprung der äusseren Sinnesorgane im Herzen sei, und dass die äusseren Sinnesorgane fortgehen zu den Adern um das Gehirn, haben formell keinen anderen Zusammenhang, als den der nahen Aufeinanderfolge in der Darstellung. Ausserdem wird aber, wie es scheint, durch die gleich folgende Bemerkung, dass weder ein blutloser Theil noch das Blut Organ der Wahrnehmung sein könne, sondern nur ein aus Blut entstandenes Gebilde, der Grund der Verbindung der Organe mit den Adern angegeben; und dadurch wird die Annahme, dass jene Adern die Fortsetzung des Organs zum Herzen sein sollen, gehindert oder doch ganz unwahrscheinlich gemacht. Die beiden Stellen haben also wesentlich denselben Sinn.

Aber, kann man sagen, Aristoteles behauptet, dass die Kanäle der Organe bis zu den Adern — πρὸς τὰς φλέβας — fortgehen, einmal sogar, dass sie in -- εἰς — die Adern führen; er lässt sie also nur bis zu den Adern gehen und bei ihnen enden; es bleibt nach ihm also keine andere Verbindung der Organe mit dem Herzen übrig als die durch die Adern. Obschon dieses, streng genommen, nicht aus dem Ausdrucke folgt, da ja die Deutung zulässig ist, dass Aristoteles den Verlauf der Organe nur bis zu den Adern verfolgt, so ist doch zuzugestehen, dass diese Stellen für sich allein jenen Schluss fast selbstverständlich erscheinen lassen, wenn demselben nicht durch andere Stellen entschieden widersprochen wird.

Ehe wir zu diesen letzteren Stellen übergehen, schalten wir eine kurze Bemerkung über die öfter erwähnten Kanäle (πόροι) der Sinnesorgane ein. Das Wort πόρος bezeichnet einen Kanal, eine röhrenförmige Oeffnung, und es wird von Aristoteles auch von den Adern, so wie von den Kanälen der Luftröhre gebraucht [1]); an unseren Stellen werden jedoch die πόροι der Organe von den Adern bestimmt unterschieden. Der Ausdruck, dass die Sinnesorgane an Kanälen — ‚ἐπὶ πόρων' — sich befinden, ist etwas unklar. Streng genommen kann er nur vom Auge gelten, welches, für sich als Organ gefasst, an Kanälen liegt. Vom Gehörorgane und dem Geruchsorgane sagt Aristoteles selbst, dass sie selbst πόροι sind [2]); denn das äussere Ohr betrachtet er nur als einen Zusatz zu dem das Organ bildenden Kanale [3]). Wir müssen also den Ausdruck „ἐπὶ πόρων" weiter fassen in dem Sinne, dass die Organe an oder in Kanälen ihren Sitz haben.

Wir betrachten jetzt die für unsere Frage wichtigste Stelle. Im 2. Cap. des 5. Buches über die Zeugung der Thiere [4]) sagt Aristoteles in Bezug auf die verschiedene Vollkommenheit des Gehör- und Geruchsorganes der Hauptsache nach Folgendes: Die Ursache der scharfen Auffassung der Differenzen liegt im Organe selbst, darin, dass das Organ und die es umgebende Membran (μῆνιγξ) rein ist. Die Kanäle (πόροι) aller Organe nämlich gehen, wie in der Schrift über die „Wahrnehmung" gesagt ist, (es können wohl nur die oben citirten Stellen aus der Abhandlung über den Schlaf u. s. w. gemeint sein, in denen allerdings der Ausdruck Kanäle, ausser mehr beiläufig an einer Stelle de sens. 2. 438 b 14, nicht gebraucht wird,) zum Herzen oder dem analogen Theile; und zwar mündet der Kanal des Gehörs, dessen Organ ja aus Luft besteht, an der Stelle, wo das σύμφυτον πνεῦμα (das die vegetative Seele in sich habende warme Element, vgl. S. 95) das Athmen bewirkt. Daraus erklärt sich auch, dass wir das Gehörte nachsprechen, indem der durch das

[1]) Vgl. Hist. An. I, 17. 496a 28; III, 3. 513b 1; 24; 4. 514a 25.
[2]) Gen. An. II, 6, 744a 2. Vgl. V, 2. 781a 20; Sens. 2. 438b 14.
[3]) Gen. An. V, 2. 781b 25.
[4]) Gen. An. V, 2. 781a 18 ff.

Organ empfangene Typus (das Tonbild) von der Stimme
gleichsam zurückgegeben wird.

Also, während in den beiden obigen Stellen (S. 121), von
denen die eine mit der eben citirten demselben Werke angehört, gesagt wird, der Kanal des Gehörorganes gehe bis zu
den Adern um das Gehirn, wird in dieser letzteren behauptet,
dass der Kanal des Gehörorganes im Herzen, und zwar an
einer bestimmten Stelle des Herzens, münde, ferner, dass
dieser Kanal in seinem ganzen Verlaufe mit eigener Luft
(σύμφυτον πνεῦμα), dem specifischen Substrate des Gehörorgans, nicht etwa mit Blut, angefüllt sei. Wenn wir nun annehmen dürfen, — und nichts spricht dagegen —, dass Aristoteles beim Niederschreiben dieser verschiedenen Stellen im
Wesentlichen dieselbe Anschauung von dem Organe gehabt
hat, so ergeben sich drei für unsere Frage wichtige Bestimmungen; zuerst: die Sinnesorgane, wenigstens die der Kopfsinne, sind dem Aristoteles K a n ä l e, deren Wände aus Membranen (μήριγγες) bestehen; sodann: diese Kanäle gehen von
ihrem peripherischen Anfange ohne Unterbrechung durch he-
terogene Glieder fort bis zum Centralorgane und sind in diesem ganzen Verlaufe angefüllt mit einem das eigentliche Organ
bildenden körperlichen Elemente; endlich drittens: die Worte
in den zwei früher angeführten Stellen, dass die Kanäle der
Sinnesorgane fortgehen b i s z u d e n A d e r n um das Gehirn,
bedeuten nicht, dass sie bei diesen e n d e n oder in sie ü b e r-
g e h e n, sondern nur, dass sie sich z u i h n e n e r s t r e c k e n u n d
m i t i h n e n i n V e r b i n d u n g s t e h e n, während der weitere
Verlauf unberücksichtigt bleibt; und diese Verbindung der Organe mit den Adern wird nicht erwähnt in der Meinung, dass
die Organe durch die Adern mit dem Centralorgane vermittelt
werden, sondern, wie in den Stellen selbst klar genug angedeutet wird, lediglich in der Meinung, dass das in jenen
Adern strömende Blut die Quelle ihrer Entstehung oder doch
eine nothwendige Bedingung ihrer Erhaltung und Thätigkeit
ist. Wenn Aristoteles sagt [1]), das Sehvermögen sei nicht im
äusseren Auge, sondern im I n n e r n (an der inneren Quelle

---

[1]) Sens. 2. 438b 8 ff.

des Organes), und dasselbe bedürfe im Innern selbst zu seiner Bethätigung des Lichtes, d. h. der Informirung des Organes mit der Qualität des Lichtes, und wenn er als Bestätigung dafür anführt, dass bei Durchschneidung der Kanäle des Auges innerlich plötzlich Finsterniss, also Unmöglichkeit des Sehens eintrete, so wird dieses bei der oben entwickelten Anschauung von den Organen völlig verständlich.

Fassen wir das Gesagte zu einem allgemeinen Gedanken zusammen, so kommen wir zu folgenden Ergebnissen. Aristoteles verlegt den Sitz der sensitiven Seele, also auch ihres Substrates und ersten Organes der Wahrnehmung, wegen ihrer numerischen Identität mit der vegetativen Seele in's Herz. Aus dieser Grundansicht ergibt sich ihm mit Nothwendigkeit die Annahme, dass alle einzelnen Organe in dem Centralorgane als ihrem letzten gemeinsamen Theile zusammentreffen, dass also alle zum Herzen gehen müssen; und diese Annahme beruht wesentlich nur auf jener Grundanschauung, ist eine apriorische Folgerung aus derselben. Als einzige empirische Bestätigung vermag er nur anzuführen, dass die Organe des Gefühls und Geschmacks, also kurz, dass das Fleisch sichtbar (φανερῶς) mit dem Herzen in Verbindung steht, und dass von den Kopfsinnen wenigstens eine Bewegung im Herzen hervorgebracht werden kann. Er denkt bei dieser letzteren Behauptung vielleicht daran, dass das Herz als das Lebenscentrum und die Quelle des Blutes mit allen Theilen des Leibes in Verbindung stehen muss, und dass thatsächlich bei gewissen Wahrnehmungen augenblicklich eine Veränderung im Herzen eintritt.

Was die einzelnen Organe selbst angeht, so steht das Organ des Gefühls und Geschmacks, das Fleisch, welches aber eigentlich nicht Organ, sondern Medium der betreffenden Wahrnehmungen ist, unmittelbar mit dem Herzen und dem Centralorgane in Berührung, bedarf also keiner Vermittelung. Die Organe der drei Kopfsinne aber betrachtet Aristoteles als geschlossene aus Membranen bestehende Kanäle oder Röhren, welche gesondert für sich von ihrem peripherischen Ende am Kopfe ununterbrochen bis zum Centralorgane fortlaufen und in ihrer ganzen Länge mit dem eigentlichen Organkörper angefüllt sind, also überall die specifische Natur des Organes haben. Die Organkörper bestehen ihrer elementaren Form nach für den Gesichtssinn in Wasser, für den Gehörsinn in Luft, für den Geruchssinn theils in Luft, theils in Wasser; aber sie sind nicht etwa schlechthin elementares Wasser und elementare Luft, sondern sie sind, wie aus ihrer Entstehung und Erhaltung erhellt, höher formirte Gebilde des organischen Lebens, welche eben dadurch Organe sind, dass sie die Fähigkeit haben, die entsprechenden sinnlichen Qualitäten in ihrer Reinheit und ohne alle Beimischung ihres Substrates in sich aufzunehmen und in gleicher Weise zum Centralorgane fortzuleiten. Die Ernährung und Erhaltung der Organe wird dadurch bewirkt, dass jene Kanäle mit Aderzweigen in Verbindung stehen.

Die Annahme des Aristoteles stellt also ein vollständiges Analogon zu den Empfindungsnerven dar, ein Analogon, sage ich; denn die Empfindungsnerven selbst waren ihm völlig fremd; und man kann mit Recht sagen, dass er zuerst den Gedanken solcher specifischer Sinnesorgane mit Bestimmtheit gefasst hat. Empirisch konnte er natürlich diese von ihm geforderten Organe ausser an ihren peripherischen Enden nicht auffinden, weil sie nicht existiren. Wenn er in fast concreter Weise über die Beschaffenheit und Lage des Gehörkanals spricht, so ist das nur die Folge der Ueberzeugung, dass es sich den gesammten Verhältnissen nach so verhalten müsse und dass gewisse beobachtete Erscheinungen eben in dieser Lage des Organs ihre Erklärung finden.

Zuletzt müssen wir noch die Aristotelische Darstellung von der Entstehung der Traumbilder (c. 3 der betreffenden Abhandlung) in Betracht ziehen, die der entwickelten Ansicht zu widersprechen scheint, und von der man einen Einwurf gegen dieselbe hernehmen könnte. Sicher mit Unrecht.

Ich gehe zur Erklärung des Kapitels aus von dem im Anfange desselben ausgesprochenen Grundgedanken, dass den Organen, sowohl an der Oberfläche als in der Tiefe, Reste von früheren Affectionen oder Wahrnehmungsbildern, mögen dieselben zur Wahrnehmung gelangt sein oder nicht, immanent bleiben. Dass dieselben im wachenden Zu-

stande nicht wahrgenommen werden, hat seinen Grund darin,
dass sie durch die actuale Bethätigung der Organe und des
Gedankens am Hervortreten gehindert werden. Im Schlafe
hört dieses Hinderniss auf. Denn während desselben sind die
einzelnen Organe unfähig, sich zu bethätigen, und zwar deshalb, weil das Centralorgan, ohne welches die einzelnen
nicht wirksam sein können, in Folge des Zurückströmens der
warmen Dünste zu demselben, in seiner Thätigkeit gefesselt
ist; in welcher Fesselung eben der Schlaf besteht. So gelangen
jene früher unterdrückten Reste zum Centralorgane und werden
nach Aufhören der in diesem durch jene zurückströmenden
Dünste erzeugten Verwirrung offenbar, d. h. werden wahrgenommen. In dem Satze des Aristoteles [1] „νύκτωρ δὲ δι'
ἀργίαν τῶν κατὰ μόριον αἰσθήσεων — —, διὰ τὸ ἐκ τῶν
ἔξω εἰς τὸ ἐντὸς γίνεσθαι τὴν τοῦ θερμοῦ παλίρροιαν,
ἐπὶ τὴν ἀρχὴν τῆς αἰσθήσεως καταφέρονται —" enthalten die
Worte: „διὰ τὸ ἐκ τῶν ἔξω" u. s. w. nicht die Ursache zu
dem folgenden „καταφέρονται", wie Baeumker meint, sondern
die Ursache der vorher genannten Unthätigkeit der einzelnen
Sinne, wie sich dieses vollständig aus der früheren Definition
des Schlafes und seines Einflusses auf die einzelnen Sinne ergibt [2]. In dieser Stelle findet sich also nichts, was für die
Fortleitung der Wahrnehmungsbilder durch das in den Adern
strömende Blut sprechen könnte.

Es wird nun weiter nach dem Grunde gefragt, warum
im Traume oft Bilder, die mit gewissen Objecten nur eine
kleine Aehnlichkeit haben, für diese Objecte selbst gehalten
werden [3]. Dieser Grund wird einerseits in dem Zustande des
Schlafes, der Fesselung des Centralorgans, anderseits in einer
abnormen Bewegung der einzelnen Organe während des Schlafes
gesucht [4]. Die weitere Entwicklung geschieht so, dass zuerst
die allgemeinen Verhältnisse und dann die Wirksamkeit der
beiden genannten Gründe dargelegt werden [5].

---

[1]) Insomn. 3. 461 a 3 ff.
[2]) Somn. 3. 458 a 25 ff. Vgl. 2. 455 a 33; b 11.
[3]) Insomn. 3. 461 b 5 ff.
[4]) Das. 461 b 7—11.
[5]) Das. 11—17; 17—30.

Aristoteles sagt also zuerst [1]): „Indem nämlich während des Schlafes der grösste Theil des Blutes zum Centrum strömt, gehen zugleich die immanenten Bewegungen herab" — „ὅταν γὰρ καθεύδῃ, κατιόντος τοῦ πλείστον αἵματος ἐπὶ τὴν ἀρχήν, σιγκατέρχονται αἱ ἐνοῦσαι κινήσεις —." Die wem immanenten Bewegungen? Dem Blute? Dieses liegt freilich grammatisch am nächsten. Allein in dem ganzen Capitel und in dem vorhergehenden ist constant behauptet worden, dass in den Organen (αἰσθητήρια), sowohl an der Oberfläche als in der Tiefe, gewisse Bewegungen als Reste früherer Affectionen vorhanden seien, nirgends aber ist in gleicher Weise vom Blute gesprochen worden. Wir haben also die den Organen immanenten Bewegungen (Affectionen) zu verstehen, und bei ἐνοῦσαι zu ergänzen „τοῖς αἰσθητηρίοις"; was auch grammatisch ohne alle Schwierigkeit ist, weil unmittelbar vorher dieser Ausdruck gebraucht wurde. In dem Ausdruck „σιγκατέρχονται" liegt nur, dass das Herabgehen der Bewegungen in den Organen dem Herabströmen des Blutes gleichzeitig ist, nicht aber, dass es von ihm verursacht wird. Die Ursache ist, wie früher (S. 129, oben) gezeigt wurde, das Aufhören des Hindernisses.

Diese Bewegungen oder Affectionen sind in den Organen zunächst in potenziellem Zustande; „sie verhalten sich aber so, dass bei dem Eintreten der Bewegung überhaupt aus dieser jetzt die eine bestimmte Bewegung oder Affection an die Oberfläche kommt, und bei deren Verschwinden eine andere" — „ὥστε ἐν τῇ κινήσει τῃδὶ ἥδε ἐξ αὐτῆς (statt αὐτοῦ) ἡ κίνησις, ἂν δ' αὕτη φθαρῇ, ἥδε" [2]). — Das dem Sinne, wenigstens wie wir ihn bis dahin entwickelt haben, allein entsprechende ἐξ αὐτῆς, statt ἐξ αὐτοῦ bei Bekker wird unterstützt durch Cod. L. und die lateinische Uebersetzung von Moerbecka, die „ex ipso motu" hat. — Soweit die allgemeinen Verhältnisse.

Aristoteles fährt fort [3]): Beim Aufhören des Hindernisses (welches oben, S. 129, bezeichnet wurde), werden jene Be-

---

[1]) Das. 11.
[2]) Das. 13 ff.
[3]) Das. 17.

wegungen oder Affectionen actual; „und indem sie bei der
geringen Menge des in den Organen noch vorhandenen
Blutes sich auflösen (d. h. ihre Bestimmtheit verlieren),
gerathen sie in eine Bewegung, und haben Aehnlichkeit mit
den Vorgängen in den Wolken, welche man wegen der raschen
Umwandlung bald mit Menschen, bald mit Centauren vergleicht." — „καὶ λυόμεναι ἐν ὀλίγῳ τῷ λοιπῷ αἵματι τῷ ἐν
τοῖς αἰσθητηρίοις κινοῦνται, ἔχουσαι ὁμοιότητα ὥσπερ τὰ ἐν
τοῖς νέφεσιν κτλ." —

Dieser Satz allein ist etwas dunkel. So viel liegt auf
der Hand, dass in ihm eine der oben erwähnten Ursachen,
in Folge deren im Traume eine geringe Aehnlichkeit mit einem
Objecte für das Object selbst gehalten wird, nämlich die in
einer abnormen Bewegung des Organs liegende, enthalten ist.
Was ausgesprochen werden muss und auch wirklich ausgesprochen wird, ist dieses: Die in den Organen vorhandenen
Reste von früheren Affectionen oder Wahrnehmungsbildern
verlieren ihre ursprüngliche Bestimmtheit, gerathen in eine
wogende Bewegung (κινοῦνται), und nehmen daher in raschem
Wechsel die verschiedensten Formen an. Die Ursache dieser
Erscheinung ist angegeben in den Worten: „καὶ λυόμεναι ἐν
ὀλίγῳ τῷ λοιπῷ αἵματι τῷ ἐν τοῖς αἰσθητηρίοις", deren Sinn ich
wiedergegeben habe durch die Uebersetzung: „indem sie sich
bei der geringen Menge des noch im Organe vorhandenen
Blutes auflösen (d. h. ihre Bestimmtheit verlieren)." Die
Uebersetzung lässt sich leicht rechtfertigen. Das Wort λύεσθαι
kann hier nicht „sich lösen, sich befreien" heissen; denn diese
Befreiung ist unmittelbar mit dem Aufhören des Hindernisses
gegeben; dagegen ist die in der Uebersetzung angewandte
Bedeutung dem geforderten Sinne absolut entsprechend. In
den Worten ‚ἐν ὀλίγῳ τῷ αἵματι‘ liegt, wegen der artikellosen
Vorausstellung des Adjectivs vor dem Substantiv, die ganze
Kraft in dem Adjectiv, was in der Uebersetzung durch die
Worte: „bei der geringen Menge" wiedergegeben ist; und die
der Präposition ‚ἐν‘ gegebene Bedeutung lässt sich leicht belegen.

Aber welche Bewandtniss hat es mit dem in den Organen
vorhandenen Blute? und was hat die geringe Menge desselben mit der Auflösung der in den Organen vorhandenen

Bilder zu thun? Ich will sofort kurz meine Meinung sagen. Die Organe bedürfen, wie wir oben (S. 121 ff.) gesehen haben, der fortwährenden Ernährung und Erneuerung durch das Blut, um functioniren zu können. Wir haben aber auch gesehen (S. 123), dass Zweige von Adern an die Kanäle der Organe gehen (vielleicht auch in dieselben eindringen und sie durchziehen; Aristoteles nennt die Augen aderhaltig), von denen die Ernährung derselben wahrscheinlich durch Endosmose, deren Begriff dem Aristoteles nicht unbekannt war, besorgt wird. Indem nun während des Schlafes die grösste Menge des Blutes nach dem Herzen strömt, vermögen die Adern wegen der zu geringen Menge des restirenden zur Ernährung nicht ausreichenden Blutes nicht regelmässig zu functioniren. Daher die Auflösung und Verzerrung der in ihnen vorhandenen Bilderreste.

Um die begonnene Erklärung der Thatsache, dass im Traume eine geringe Aehnlichkeit mit einem Objecte für das Object selbst gehalten wird, zu vollenden, füge ich noch kurz hinzu, obschon es nicht mehr zu unserer eigentlichen Frage gehört, dass die zweite Ursache jener Thatsache in dem Zustande des Centralorgans während des Schlafes liegt. Weil dasselbe während des Schlafes von dem zum Herzen strömenden Blute gedrückt und gefesselt ist, fehlt ihm die normale Fähigkeit der Unterscheidung; und deshalb erscheint ihm das bloss Aehnliche, wie es ihm durch die einzelnen Organe zugeführt wird, als das Wirkliche[1]).

Mit der gegebenen Erklärung des ganzen Capitels scheint mir auch der letzte Anhaltspunkt für die Ansicht, dass nach Aristoteles die Fortleitung der Wahrnehmungsbilder von den äussern Organen zu dem Centralorgane durch das Blut der von den äussern Organen zum Herzen gehenden Adern geschehe, seine Stütze verloren zu haben. Es mag schliesslich noch der von Aristoteles oft erwähnte und angewendete Grundsatz angeführt werden, dass die Natur für zwei verschiedene Functionen auch zwei verschiedene Organe bilde, wo immer es möglich sei.

---

[1]) Das. 26—30.

Verzeichniss einiger verbesserter resp. erklärter Aristotelischer Stellen.

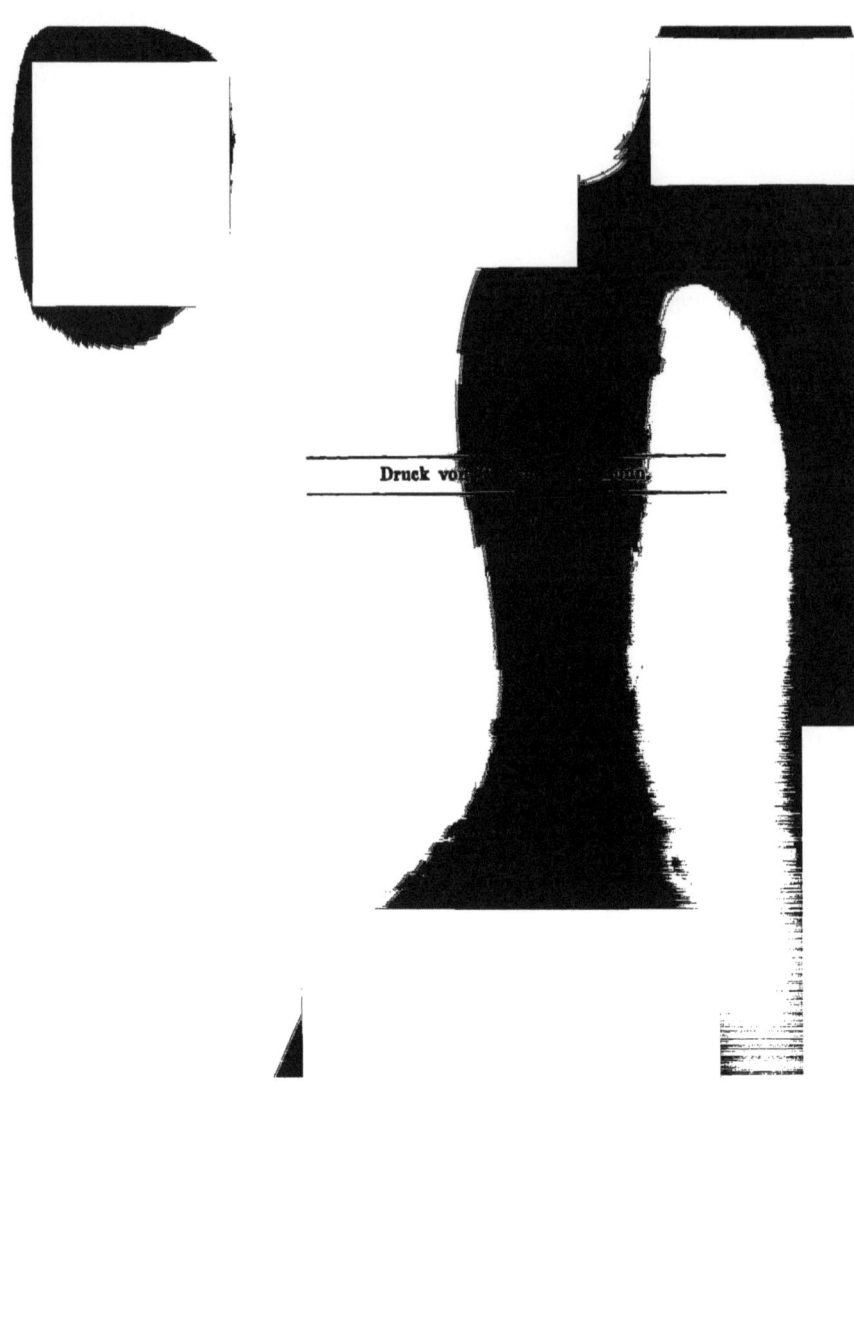

Druck von